完全図解

Alpine
Climbing
Techniques

アルパインクライミング教本

笹倉孝昭・著

山と溪谷社

Alpine
Climbing

　本書は、『山と渓谷』の連載「めざせ！ネクストステージ　ベーシック編」（2017年5月号〜2019年5月号、全24回）をもとに、加筆増補したものだ。登山の第一歩は踏み出したが、次のステージに進むために、何を知り、何を身につけねばならないのか、その方向性を絞り込めない人が多いという現状を踏まえて、二歩目、三歩目の指標となる教本をめざした。

　そのため、基礎的な項目についてはすでに知っているという前提で、それに触れることなく進めた部分はある。しかしその一方で、整備された登山道からバリエーションルートへと活動の範囲を広げたいと考える人が求める知識や技術については、充分

に盛り込んだつもりである。また、読者の方々が技術の詳細や登山的思考を理解しやすいよう、写真だけでなく、イラストやチャートを多く用いた。

　第3部のルートガイドは連載時にはなかったが、実践こそが登山の本質であるという思いから増補した項目だ。本書で身につけた技術を試すことができるエリアやルートを選出したので、現場を想定した具体的なイメージをつくりやすいはずだ。登山は「学習」と「実践」の両輪で、登山者である己の完成度を高めていくゲームだ。本書が登山者の皆様にとっての「学習」の部分に役立てていただけることを願ってやまない。

　　　　　　　　　　　　　　　笹倉孝昭

CONTENTS

COLUMN 01

アルピニズムの誕生

　人類ははるか昔から山に登ってきた。生活の糧を得るために、宗教を背景とした信仰のために、あるいは戦略のために。そんな歴史のなかで「ただ眺望を楽しむため」という自らの純粋な欲求によって山に登った最初の人物はイタリアの詩人、フランチェスコ・ペトラルカ[*1]だといわれている。1336年、弟をパートナーに1912mのモン・ヴァントゥに登頂した。これが世界初の純粋な登山とみなされている。その後、山は芸術や科学の対象となった時代が続き、19世紀半ばには未踏の頂をめざす「黄金時代」が訪れる。

　そして19世紀後半には登頂そのものだけでなく、「頂に至った経緯」つまり「どのような方法で」「どのような装備で」「どのルートから」といった要素にも重点が置かれるようになった。近代アルピニズムの誕生である。このムーブメントの象徴的存在が英国の登山家、アルバート・フレデリック・ママリーだ。彼はマッターホルンのツムット稜初登をはじめ、多くの革新的な登攀を成し遂げた。ガイドを伴わない登攀や正当で公正な手段にこだわったスタイルから「近代アルピニズムの創始者」と呼ばれている。そのママリーが1895年にパキスタンのナンガ・パルバットで消息を絶ったころから登山家たちの活動の場はアルプスから離れ、ヒマラヤの巨峰へと移行し、登頂優先の黄金時代を経て、アルパインクライミングの時代が訪れる。

　わが国においては19世紀後半に英国人がもたらした近代アルピニズムの影響もあって登山者は増加し、山小屋などの整備が進んだ。「登山の大衆化」が顕在化するなかで、物見遊山と真のアルピニズムの違いを示すべく国内初のクライミング同人「RCC」[*2]が結成された。彼らは「モダン・アルピニズム」を旗印に、実践と理論の構築を行ない、日本登山史のなかで大きな役割を果たした。

　これらの歴史を踏まえつつ、純粋な登山欲求と公正なスタイルをいかに実現するかを考えるところから、アルピニストへの道をスタートさせてほしい。

*1　1304年イタリアに生まれ、のちにフランスへ移住。法を学んだ後、文学と宗教を追究する。ラウラという女性への想いを多くの詩に残す情熱家で、晩年は詩人として高く評価された。
*2　ロック・クライミング・クラブ。1928年、藤木九三、水野祥太郎、西岡一雄などの阪神の岳人で発足。国内初の理論的技術書『岩登り術』を発行するなど日本登山史に重要な役割を果たし、33年に解散。

国内ではルートの険しさ、寒気、雪と氷を備えた積雪期や残雪期のバリエーションルートこそがアルパインクライミングと呼べる

第1部

登山の基本と歩行技術

プランニングや歩行技術について解説する。バリエーションルートを攻略するための基礎となるものなので、充分に理解を深め、実践を重ねて身につけてほしい。

CHAPTER 01

アルピニストの思考法

　技術的な項目に入る前に、アルピニズムに基づいた登山者、つまり「アルピニスト」に求められる要素や思考について確認しておきたい。

　登山入門の一歩を踏み出し山の世界に入ったはいいが、何をめざせばいいのか、方向を見いだせないままでいる人は意外に多い。多機能な携帯端末の進化とモバイルネットワークの普及は、時間をかけずに登山の情報を多くの人が共有できる利点を生み出した半面、ソーシャルネットワークなどに日々公開される膨大な情報はまるで視界を遮る樹海のように登山者たちを迷わせる。情報に翻弄される登山者は、あたかも進むべき方向を見失った遭難者のようだ。実際の登山におけるナビゲーションでは、現在地と進行方向を見失わないように心がけるが、情報の樹海で迷う登山者は、まず自らのスキルや経験を評価することで登山者としての現在位置を把握する必要がある。アルピニズムの理念を認識することは、より高みをめざす登山者にとって今後の登山の方向性を指し示すものとなるだろう。

　では、そもそもアルピニズムとは何か。「なぜ、山に登るのか」という問いに「そこに山があるから*」とマロリーが応じたことは有名な話だが、本来、登山とは自己の中から生じた強い衝動に基づく行為であって、「登りたいから登る」という以外の理由はいらない。

そして個人的な欲求とそれを満たす行為なのだから、他者の評価や期待とは無縁なものといえる。このように、純粋な登攀欲求に突き動かされ、可能な限り公正な方法で登山を行なうことがアルピニズムであることを再認識してほしい。

* 英国の登山家、ジョージ・マロリーが遺した言葉。当時、未踏だったエベレスト遠征について「あなたはなぜエベレストに登りたかったのですか？」と問われ、「それがそこにあるから」と答えた。正確には「それ」は「エベレスト」を指し、広義の山ではない。

アルピニストに求められる要素

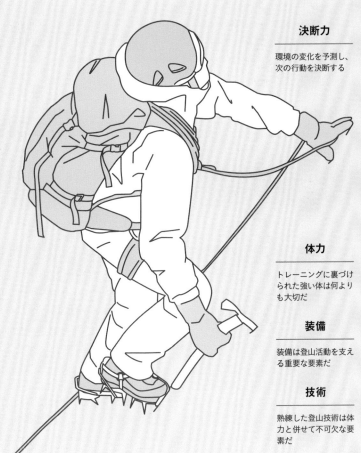

知識

プランニングからリスクマネジメントに至る幅広い知識は登山を支えてくれる

観察力

行動しつつ周囲を観察。情勢判断を怠らない

理念

Pureな欲求とFairな手段、これこそがアルピニズムだ

学び

経験から学び、仲間や熟練者、または書籍や歴史から学ぶ

仲間

信頼できる仲間がいれば、お互いを高めることができる

決断力

環境の変化を予測し、次の行動を決断する

体力

トレーニングに裏づけられた強い体は何よりも大切だ

装備

装備は登山活動を支える重要な要素だ

技術

熟練した登山技術は体力と併せて不可欠な要素だ

Fair decision

登山における
決断力の重要性

登山、特にアルパインクライミングは、決断を下す作業の連続であるといえる。「これは浮き石だ、気をつけよう」「あの岩稜でロープを出そう」「雲行きが怪しいのでペースを少し速めよう」など、アルピニストは行動開始から行動中のすべての局面において、細かい動作から天候急変時

決断を促す要因と妨げる要因

登山における決断は経験則だけに頼らず、そのときの状況、実際の環境を根拠にしなければならない。しかし、実際に見られるのは「いつもこうしている」「これまではこうだった」という経験則に基づく行動、思考なき行動、明確なリーダーのいないパーティ登山、リスク意識の低い個人登山などだ。これらはある種の「安心感」のもとにあり、論理的な思考

が伴っていない。安心感があると人は注意深く観察しない。観察しない人は状況の変化や、その兆しや気配に気づかない。「安心感」が登山者を危機的状況に追い込むとすれば、その対になる「緊張感」をもち続けることが登山者を正確な決断へと導いてくれる。その緊張感がなければ、下に示したような決断は下すことができないだろう。

決断の正確さを上げる

オプションを用意

今起きていることだけに向き合うのではなく、次に起こる状況を予測し、そのどちらにも対応できるオプションプラン[*1]を準備しておく。ミスを素早く認め、修正することも重要だ。

情報収集と変化の予測

行動中は地形の変化や難易度をよく観て記憶する。天候の変化にも注意を払う。どんな細かな情報も生還というパズルのピースなのだ。危険要因に気づいたら対応をすぐに考える。

自己評価

技術や動作は練習で向上するが、恐怖心、疲れなどで一時的に能力が低下することがある。自分の状況を冷静に評価することで生還の確率は上がる。自己評価は難しく、経験を積んでようやく体得できる。

行動に集中する

休憩ではウェアの調整、行動食をとるなど最小限にとどめ、行動そのものに集中する。行動中の緊張感を保つことは正しい決断につながる。長すぎる、または多すぎる休憩は緊張感を弛緩させる。

リスクの評価

あるリスクに対処している間にも、別のリスクや問題は進行している。複数のリスクの重要度を評価し、二次的な課題を最低限に抑えつつ、最も重要なリスクの解決に専念する。

の進退、不測の事態における対応に至るまでさまざまな決断を下す。そして、その決断は多くの要素を同時に捉えなければならない、込み入ったものだ。険しい岩場、積雪と降雪、予測が難しい天候、メンバーの力量とその時点でのコンディションなどを包括的に情報として取り込み、ルートを攻略しつつも万が一の対応も考えなくてはならない。些細な決断であっても、その正確さは登山の成否だけでなく、場合によっては生死を左右する重みがあるといえるだろう。

重大な結果を伴うからこそ、アルピニストの行動は明確な意思決定に基づいて行なわれるべきであり、その決断に伴う責任は自らが背負うことになる。自己責任という言葉はこのような意味がある。「何をしよ

うと私の自由だ」というのはただの身勝手な行為だ。アルピニストは自己の決断に対する責任を負う。そして時として死をも伴う決断の結果を、誰もが公平に受け入れなくてはならない。

*1　これまでエスケープルートと呼ばれてきたものと意味合いは同じ。実際には都合のよい脱出経路があるわけではない。また「別のルートを選ぶ」よりは「プランが変更される」と考えたほうがより現実に近い。
*2　集団における人間の思考や行動を研究する学問。集団力学では人間は集合性に左右されると考える。そのなかでも「傍観者効果」「責任の拡散」「社会的同調」「群衆」などはグループ登山中の行動に大きな影響を与える。

正しい決断を妨げる

中古の知識（他者の経験）

検証されずに公開されている、他の登山者の経験に基づいたルートの感想、難易度の評価や所要時間は、中古の知識にすぎない。これらは状況判断を鈍らせて、決断の精度を高めることの妨げになる。

経験不足

経験の浅い人ほど、リスクを過小または過大に評価しがちだ。経験が少ないために判断基準を他人に求め、依存する傾向も強くなる。他者に依存せず、経験の飛躍を求めず、着実に経験を重ねたい。

集団力学

集団の安心感によって注意力や観察力が低下し、リスクに気づけず悪い状況に陥る傾向が強い。これは集団力学（傍観者効果）*2と呼ばれ、大人数や即席のグループで起きやすい。

恐怖心

怖いと感じる感覚は、リスクを回避するための自然な反応である。しかし、その感情を抑制しきれずに恐怖心に支配されると思考は混乱し、知覚を歪めてしまう。常に冷静さを失ってはいけない。

頑固さ

人には、最初に決めた判断にこだわる傾向がある。こういった頑固さは視野を狭くしがちだ。直面している状況の変化を見逃さないためにも、広い視野と柔軟な思考を失わないように注意する。

危険の
察知と対策

登 山やアルパインクライミングの危険
要因を評価する際、まず、その要因
が人間にあるのか、あるいは山などの自然
環境にあるのかを考え、次に人間と自然環
境との相関関係による要因について考える。
そうすると、危険は「人的要因」「自然環

危険要因の種類

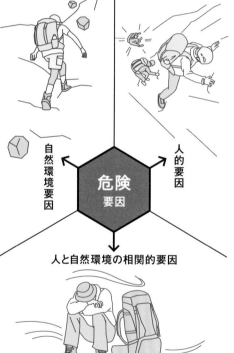

落石

自然落石は降雨後や融雪期などに起きやすい。上部に他の登山者がいる場合は人為落石の可能性がある。対策：ヘルメットの着用。他者の動きの観察。視界不良時に雪渓に入らないなど。

雪崩

雪崩の多くは30〜45度の斜面で発生。ただし、この斜度以外で起きないという保証はない。何よりも降雪直後は要注意。対策：降雪直後の行動は控える。アバランチギアの携行など。

天候

局地的な豪雨、雷などの天候急変も危険要因。火山性ガスや火山の噴火も危険要因として加えておきたい。対策：入山前に天気の推移を把握しておく。行動中の天候変化を予測するなど。

自然環境要因

危険要因

人的要因

人と自然環境の相関的要因

墜落
（滑落、スリップ）

登山中の重大事故の多くは墜落（滑落、スリップ）に起因する。高いエネルギーで外傷を負い、死亡に至る可能性がある。対策：歩行技術と登攀技術を高める。確保を行なうなど。

コンディション

体調不良やトレーニング不足も危険要因だ。登山に備えて睡眠と水分、栄養を摂取し、必要なトレーニングもこなしておく。対策：事前の訓練と技術習得、体調管理。集中力の維持など。

他の登山者

同じルート上の他の登山者やクライマーも危険要因だ。先行者は落石、落氷や雪崩のきっかけになる可能性がある。対策：別ルートに変更するか、他の登山者と充分に間隔をあけて行動する。

熱中症

無積雪期、特に真夏は日差しが強く気温も高い。水分と塩分を補給しないと陥る危険がある。対策：スポーツドリンクなどの電解質と糖分を含んだ水分を摂取する。

低体温症

気温、濡れ、風などの環境要因と、ウェアの不備、悪天候下での長い暴露時間などの人的要因で季節を問わずに起きる。対策：レイヤリングで肌をドライに保ち、暴露時間を抑えるなど。

凍傷

寒気、濡れ、風などの環境要因に、肌の露出や装備の不備、水分不足などの人的要因が加わると受傷。対策：レイヤリングで肌をドライに。暴露時間を抑える。水分や行動食の摂取など。

順応と高度障害

人と山の相関的要因で、まず挙げられるのは高度障害。頭痛や吐き気、運動障害などが起きることも。対策：交通機関で高度を上げた場合、そこで少し休憩してから行動する。水分補給など。

境要因」「人間と自然環境の相関的要因」の3つに分類できる。

分類すると、登山計画を立てる際に危険要因を分析しやすくなり、対策を立てやすい。言い換えれば、登山計画とは、ルートで行動する様子を思い浮かべながら、想定される危険要因を洗い出す作業でもある。これがリスクマネジメントだ。

この作業によって、危険への対策としてのクロージング・システム、要求される技術や装備、装備を使いこなす知識などが浮き彫りになる。必要であれば、訓練山行やトレーニングによって身体能力や技術の熟練度を上げる、ウェアや装備をメンテナンスしたり追加したりする、知識を増やすための学習の機会をもつ、チームの連携を高めるなどの取り組みも求められる。

これらのことから、危険要素を登山の準備段階から評価することは、大変重要であると理解できるだろう。

リスクマネジメント能力のステップアップ

リスクマネジメントとは、具体的には、熟練した技術や豊富な知識、自分自身の経験から学んだ知恵を駆使してリスクを許容範囲まで低減することといえる。

山は、すべての登山者に対して同じ脅威を与える。初心者だからといって手加減してはくれない。経験豊富な登山者ほどリスクの高いエリアで活動できるが、それは身体能力もルートファインディング能力も技術も高く、同じ状況・条件でもリスクを自分の許容範囲まで低減させることができるからだ。

熟練度の低い登山者がいきなりリスクの高いエリアやルートに入ることは、いたずらに生命を危険にさらすことにほかならない。昨今の遭難もこのケースが多いのではないだろうか。リスクマネジメント能力のステップアップの結果、アルピニストとしての成長と向上があるといえる。まずは自然環境に身を置いて、「山」そのものを自分の目で見て、肌で感じる経験を積んでいきたい。そして、登山の記録をとり、体力、装備、技術などとともにリスクマネジメントについても振り返ってみよう。ひとつの経験を検証したら、次に役立てつつも、新しい挑戦に取り組みたい。大事なのは過去の経験ではなく、現時点の自分を見極めて次の一歩を踏み出すことだ。

1
現時点の自己評価

登山の計画時に現時点での自分の力量を評価する。これまでの登山やクライミングを振り返り、体力や技術、装備などを検証し、評価する。

2
仲間や指導者の評価

自己評価とは別に、仲間や指導者にも評価してもらう。登ったルートに対しての達成度がわかるように、できているところと課題を浮き彫りにする。

3
ビジョンの設定

評価をしたら、今後の登山に対するビジョン（構想）を設定する。ビジョンは、これから取り組むべき登山や訓練の方向性を指し示す役割を果たす。

4
詳細な課題の設定

ビジョン達成に足りない点を補うための課題を設定する。なるべく具体的に設定して、準備段階から登山活動中をとおして取り組んでいく。

5
達成度の評価

登山を終えたら、自分が掲げた課題の達成度とビジョンへ向かう進行度について検証する。足りない部分だけでなく、達成したところも評価する。

6
マイレージの蓄積

マイレージ（累計経験）を増やすことはステップアップにつながる絶対条件。自分で計画し、決断し、無事に帰るという登山経験を地道に積み上げよう。

CHAPTER
02

プランニング

登山のプランニングは、山域の概要を把握し、大まかなルートや高度差、行動時間の目安などを推し量ることが目的である。それはウェアやブーツ、装備をそろえることと同様に重要で不可欠な登山の準備といえる。

プランニングで作成する資料は概念図と高度プロファイルだ。概念図は尾根や沢、ピークなどの顕著な地形を際立たせたものだ。さらに、高度プロファイル作成時に調べたベアリング*1や登りや下りの標高差などを記録した資料をつくっておくと、ルートの理解が深まる。さらに、地形図や概念図、高度プロファイルを利用して、今その場にいるようなイメージをもって「空想登山」を行なう。たとえば、登山口の標高、気温、歩き始めの時間帯など、なるべく詳細にイメージを膨らませる。そして迷いやすい箇所で「もしここで視界不良になったら」と考えてみる。はたして手元の地形図とコンパスだけでルートを見つけ出し、維持できるのか、と自分に問いかけることも大切だ。

GNSS（全地球型測位システム）*2を利用できるツールは、専用レシーバー、スマートフォンのアプリや腕時計にまで広がっている。これらの機器を装備に加え、積極的に使いこなして自分の強みにするべきだ。

また信頼できる仲間がいれば、自分が見落とした地形の特徴を拾ってくれ

るかもしれない。

このようにプランニング時の空想登山で最も必要なのは「危機的状況」を想像することだ。この作業は実際にその状況に陥ったときのシミュレーションにつながる。

プランニングの資料とツール

*1 磁北を0として、進行方向が何度になるのかを示したのがベアリング。プランを立てるとき、基準となるウエイポイントから進行方向をコンパスで計測しておく。また、視界が開けたときに目標物をねらってベアリングを定めることもある。
*2 Global Navigation Satellite System。GPS（米国）、GLONASS（ロシア）、みちびき（日本）などの人工衛星を使った測位システムの総称。

概念図

概念図は尾根や沢、ピークやコルなどの地形的な特徴を際立たせることで、地形のラフなイメージを把握するために使う。ここに標高差やベアリングを記入するとさらに実践的だ。

高度プロファイル

ルート上のウエイポイントの標高をグラフ化したもの。高度の変化を側面から捉えるためプロファイル（側面）と呼ばれる。地形図や概念図の平面的なものと組み合わせて、立体的なイメージをつくり上げる。

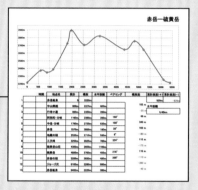

ツールの選択

ナビゲーションとは、出発地点から目的地まで確実に移動する手段と方法を指す。手段として、地形図とコンパスによる事前準備、コンパスによるベアリング、GNSSレシーバーを利用した軌跡と位置の確認がある。

ツール	活用例と特徴	プランニング	ルート維持
地形図	概念図の作成の基本情報、傾斜の緩急や標高差などの地形的特徴を知る。ルートとウエイポイント、ベアリングなどもここから読み取る	◎	△
コンパス	地形図と併せて、プランニングや、行動中のベアリングに使う	◎	◎
高度計	標高の確認や同じ高度をたどるコンタリング*3に使う	×	◎
GNSS専用シーバー	ハンディGPSとも。人工衛星からの信号を受信して現在地を確認できる。軌跡の登録や事前に登録したルートの表示もできる	△	◎
スマートフォンアプリ	現時点では現在位置の確認と軌跡の登録に限られている。スマートフォンは通信手段として残しておきたいので、バッテリーの消耗を抑えたい	△	◎
GNSSレシーバー機能付き腕時計	GNSSレシーバーとほぼ同じ機能が腕時計に搭載されている。携行性がよく、こまめにルート確認ができる	△	◎

ナビゲーションのツールは使う場所や役割がそれぞれ異なるので、「これさえあればよい」という考え方は正しくない。多くを使いこなせるほうが有利だ。

*3 地形図の等高線をコンターライン（contour line）という。コンターライン（同じ標高）をたどって目標物をめざす方法をコンタリングと呼ぶ。

入山前の プランニング

積雪期バリエーションルートのように、ルートの目印となる踏み跡や登山道が雪に覆われてルートファインディングが

困難なケースや、雪や氷、強風や降雪、低温といった厳しい気象環境が予想される場合などでは、ルートを維持し行動を管理するのが特に難しくなる。そのような状況では、地形的特徴だけでなく行動概要の全体像を把握することが重要となる。そこで登山計画と行動管理に、メンタルマップを取り入れることを提案したい。

登山計画の手順として、地形図にルートを引き、概念図を作成するが、概念図は地

行動と地形の融合=メンタルマップ

行動の イメージをつくる

ルートを地形図上に示し、地形的特徴を強調した概念図、行動の変化を表わす高度プロファイルをつくる。ここまでは地形の

見積もりだ。さらに情勢判断の基準、行動指針となるメンタルマップをつくる。

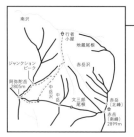

概念図

地形図から読み取ることのできる地形的特徴すなわち尾根、沢、ピーク、コルなどを強調したもの。これを作成する作業過程において、エリアの概要をつかむことができる。

地形図

地形図はひとめで広範囲を把握できるように、地形的特徴を忠実に再現しつつ縮小して表現したものだ。登山では2万5000分の1縮尺の地形図を使うことが一般的である。

メンタルマップ

登山の情勢判断、技術的な難易度など、行動全体を把握できる脳内地図がメンタルマップだ。ルートのどこでどのような地形が現われ、どのような技術とギアでそこを攻略するのか、といった行動概要の見積もりを示したイメージ図だ。

❶ジャンクションピークから頂上までは行動のイメージを明確にするため、実際の距離よりも大きく描く　❷ルート中の核心部となるので詳細な地形を描き、実際より大きく表現する　❸行動指針となるキーワードを記載する　❹方向を変えるポイントの地形を大きく表現する　❺ルートから見える地形については、位置関係は正しく描くが、地形はデフォルメして全体像を把握する

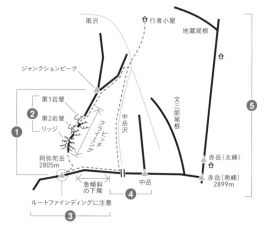

形的特徴を際立たせたもので、距離感は実際のものに近い。それに対してメンタルマップは行動概要を基準としたもので、地形的特徴よりも行動を優先させているので、距離や地形はデフォルメされる。これは行動中の情勢判断の基準となり、意思決定の重要な役割を果たす。メンタルマップを備えた登山者は「登山脳」（P020）をもっているといえる。

また、登山の行動管理に欠かせない要素のひとつが高度プロファイルだ。これは登り下りを表わしたルートの縦断面図である。地形図では平面的な要素しか得られないため、登山行動の負荷を一瞬で読み取ることは難しいが、高度プロファイルはルートの高低差から登山の負荷を視覚的に捉えられる。ルート中の明確なウエイポイントで高度プロファイルを塗りつぶすことで、計画の消化率を視覚的に把握でき、進捗状況を客観的に評価するツールとして役立つ。

高度プロファイルでの行動管理

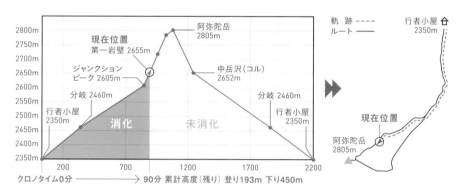

現在位置は第一岩壁基部。行動開始から90分経過。高度プロファイルから残りの累計高度の登りは193m、ここから急峻な岩場が続き、ルート中の核心部に入ることがわかる。頂上からの下りも急峻であることが予想できる。

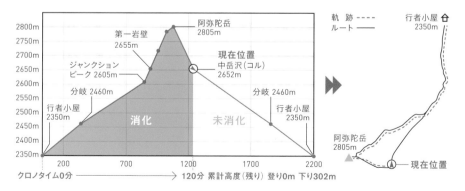

現在位置は中岳沢に入るコル。行動開始から120分経過。塗りつぶしが増え、計画をかなり消化したこと、残りの累計高度は下りしかないことがわかる。天候急変や沢と周辺斜面の積雪状況に注意は必要だが、ほぼ問題なく行動できるだろう。

OODA Loop

OODAループ での行動管理

現場での行動管理に用いるのはOODAループだ。これは、意思決定に基づいた確実な行動を徹底するための手法だ。

登山道であれ、バリエーションルートであれ、ナビゲーションのタスクは「ルートファインディング」「動作の予測」「動作」「ルートの維持」となる。これらはいつも同時に進行しており、途切れることはない。登山道であれば、「ルートファインディング」と「ルートの維持」はそれほど困難ではないが、バリエーションではこのタスクの精度の高さが登山の成功を左右する。

OODAループを活用することでタスクの精度は高めることができる。周囲を「観察」し、それに基づいて自分を俯瞰し、「情勢判断」を行なう。そして、次にどう動くのかという「意思決定」を行なう。実際の「行動」はこの意思決定が裏づけとなる。

このループを繰り返すことで、「観察せずに歩く」「周囲に注意を払わない」といった不用意な動作を抑止できる。また、ルートから外れた場合にもミスに気づく可能性が高くなる。その結果、「ルートファインディング」「ルート維持」の精度を高めることになる。

普段の登山から、メンタルマップに加え、高度プロファイルを描き、OODAループで行動管理することを習慣づけておきたい。この脳内イメージで思考し行動すること、これが「登山脳*」で登山することである。

---

*　サッカー脳や将棋脳という言葉が示すように、特定のゲームやスポーツに取り組むために必要な思考がある。登山ではメンタルマップや高度プロファイルを脳内に描き、OODAループで行動を管理することが「登山脳」の思考といえる。

OODAループで思考する

すべての行動から曖昧さを取り除き、意思決定を伴ったものにするための手法。意思決定は観察と情勢判断に基づいて行なわれる。行動のモーメンタムを止めることなく、正確な判断を行なうことが目的だ。この思考回路は登山脳の中心となる。

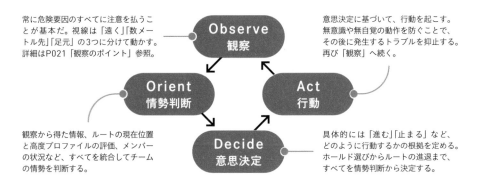

常に危険要因のすべてに注意を払うことが基本だ。視線は「遠く」「数メートル先」「足元」の3つに分けて動かす。詳細はP021「観察のポイント」参照。

Observe 観察

意思決定に基づいて、行動を起こす。無意識や無自覚の動作を防ぐことで、その後に発生するトラブルを抑止する。再び「観察」へ続く。

Orient 情勢判断

Act 行動

観察から得た情報、ルートの現在位置と高度プロファイルの評価、メンバーの状況など、すべてを統合してチームの情勢を判断する。

Decide 意思決定

具体的には「進む」「止まる」など、どのように行動するかの根拠を定める。ホールド選びからルートの進退まで、すべてを情勢判断から決定する。

観察のポイント

観察はナビゲーション、リスク管理、天候予測のために行なう。ナビゲーションのための観察は目的地への方向、少し先の状況、足元を見てルートを維持する。リスク管理のための観察では落石、雪渓の踏み抜きなどの要因となる地形を見て、回避行動につなげる。天候予測のためには、雲の様子や風の状態、気温を情勢判断の材料とする。

❶遠くをラフに

進むべき方向をラフに見通す。このとき見える範囲の最大限まで視線を走らせることと、大まかな方向を記憶しておくことが重要。

❷少し先を確認

動作や技術予測になる情報を得るために数メートルから数十メートル先までを観察。これを徹底すると時間をかけずに技術の切り替えができる。

❸足元や手元へ

ホールドを見極め、浮き石などの墜落の要因もこのときに見切る。特にバランスが求められる場面では足がフットホールドに乗るまで視線を残したい。

STOPの重要性

ルートファインディングとルート維持を困難にする要因として、「闇」「霧」「雪」「ヤブ」が挙げられる。これらのうち2つ以上がそろうとルートファインディングはかなり難しくなる。そんなときは行動を控えることが賢明だ。どうしても行動しなくてはならないときは、「ルートを見失うこと」や「ルートを間違うこと」を受け入れる心の準備が必要だ。そして「自分を疑う」というタスクを増やして、客観的な視点をもつ。また、ルートに違和感がある場合は「STOP」で対処する。視界があれば観察によって位置を確認することもできるが、そもそも視界が利かないから間違ったので、躊躇せずGNSSを利用して、現在地と軌跡を確認する。

修正時のフロー

間違いに気づいてからリカバリーするまでの手順をあらかじめ決めておくとよい。ルート間違いからのリカバリーはある意味セルフレスキューと同じだ。だからこそ、フローが役に立つ。

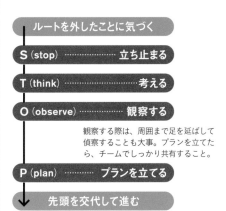

ルートを外したことに気づく

S（stop）・・・・・・・・・・**立ち止まる**

T（think）・・・・・・・・・・**考える**

O（observe）・・・・・・・・・・**観察する**

観察する際は、周囲まで足を延ばして偵察することも大事。プランを立てたら、チームでしっかり共有すること。

P（plan）・・・・・・・・・・**プランを立てる**

先頭を交代して進む

さらに先に進まなくてはならない場合は、先頭を交代するのも手だ。視界不良時に先頭を歩くと神経がすり減るので、ルート間違いをしたら交代して気分をリフレッシュさせるのも実践的な対策のひとつ。そのためにもメンバーの力量はある程度そろえておきたい。

CHAPTER
03

無雪期の歩行技術

山を歩くことは簡単なようで、実は奥が深い。「歩く」という行動はあまりにも日常的だが、日常の歩行と山を歩くことでは多くの条件が異なる。まず思いつく違いは、路面が整備されているかどうか。市街地はたいてい舗装されているが、山では土や岩、雪渓、草付などのラフな路面が、さまざまな傾斜で現われ、いつでも不安定な路面であるといっても過言ではない。また街では、5〜6時間も連続して歩くことはないし、大量の荷物を背負って歩くこともない。

さらに山では、一歩のミスが生命を左右する可能性があり、これも日常の歩行との大きな違いだ。不整地を荷物を背負って長時間歩くとき、登山者はバランスを崩さないように、地面を捉えるフットワークやボディポジション、路面の状態を確認する目線の動きで対応している。つまり、日常の歩行とは比べ物にならないくらい「バランス＝重心」の制御に気を使わなければならないのが山での歩行なのだ。

人の体には2カ所の重心がある。ひとつはみぞおち付近にあり、頭や胴体など、重いものが集中する上半身の重心だ。もうひとつは体全体のバランスを取る重心で、へそのあたりにある。直立二足歩行は運動効率が悪いといわれるが、それは重心が2カ所にあり、それらが互いに干渉して、前に進もうと

すると上体に回転する力が生じてしまうからだ。舗装路を軽装で歩いている平地では意識していないが、直立歩行は本来的に上体がぶれやすい歩き方なのだ。登山の場合は2つの重心に加えて、体から離れたところにもうひとつ、バックパックという重心が増えるため、さらに上体がぶれやすくなる。

3つの重心を制御して歩くために意識すべき箇所は、腰骨と軸足だ。腰骨は3つの重心を集める受け皿だ。背を丸めたり体を傾けたりして、重心が腰骨の上に集まるように調整して、上体を安定させる。この腰骨を支えるのが軸足で、軸足を意識した歩行については次のページで紹介する。繰り返しになるが、登山の基本は山を歩くことだ。歩行技術の熟練度を高めて、安定して歩けるようになる努力を怠ってはならない。

登山の歩行では重心が肝心

バックパックの重心
バックパックの重心は肩甲骨付近にあるのが理想。バックと上体をフィットさせるために各種ストラップを活用

腰骨
胴体と全身、バックの重心をまとめる受け皿のような役割がある

胴体の重心
胴体の重心はみぞおちのやや上あたりに位置する

全身の重心
体全体の重心はへそのやや下あたりに位置する

肩甲骨を丸めて上体をやや前傾させるとパックのフィット感が高まり、胴体・全身の重心とバランスをとりやすい。

胴体の重心と全身の重心を、腰骨の上に乗せるように配置するのが基本。常に腰骨を意識し、腰骨を運ぶことを心がける。

Footwork

フラット
フッティング

日常生活では、かかとから着地する「ヒールストライク」で歩くことが多い。荷重が足裏の外側を通って、S字状に親指の付け根近くへと移動し、爪先で蹴り出すようにして推進力を得る方法だ。速度が出る分、足裏と地面の接地面は少なく、路面が不安定な山には向かない。

一方、ミッドフット*で着地し、足裏全体で地面を押さえつける歩き方を「フラットフッティング」と呼ぶ。地面を均等に押さえつけて荷重をかけるため足裏全体が明確な足場となり、腰骨を支える軸足の基礎

となる。しっかりした軸足で腰骨を支えれば、腰骨の上にある3つの重心がぶれにくく、ラフな路面でも安定して行動できる。常に軸足の上に重心を置き、制御された歩行のための技術であり、積雪期の歩行にも応用できるので、ぜひ身につけたい。

登山はザレや石が転がるガラ場、露出した岩肌や雪渓など不安定な路面を歩く。マウンテンブーツのソール剛性が高いのは、このような不安定な地面に体重を乗せても荷重に負けず、しっかりした足場をつくるためである。高いソール剛性とアッパーのホールド感はフラットフッティングと併せることで最大限に活かされる。

---

* 足裏の指の付け根付近をフォアフット、土踏まずのやや前くらいをミッドフットと呼び、着地のときの衝撃吸収の度合いは異なる。いずれの場合もヒール（かかと）よりも衝撃は軽減される。

フラットフッティング

フラットフッティングとヒールストライクの大きな違いは停止局面があるかどうかだ。フラットフッティングはミッドフットで着地して足裏全体で荷重をかける。地面を押す力の

反発を利用して軸足で腰骨をもち上げる。ヒールストライクはかかとで着地し、荷重ポイントがかかとから爪先へ移動するため、足裏全体で地面を押さえる瞬間がない。

ヒールストライク

反発する力

地面を押す力

フラットフッティング

ヒールストライクの欠点はラフな路面で確実なグリップが難しいことだ。また衝撃が直接膝にくるため膝を痛めやすい。

足裏全体で地面を押さえる動作は、紙に判子を押す動作に似ている。このとき荷重移動は瞬間的に停止し、体を支えている。

軸足と腰骨を意識した歩き方

腰骨は3つの重心
を集める受け皿で
あることを意識

腰骨

軸足

この時点では左足が軸
足になっている

①

右足を前に出す

左足に体重を残したまま、右足を岩にかける。右足
はミッドフットを使って、フラットに地面を捉えて
おく。

3つの重心を腰骨に乗
せるのがポイント

②

右足に体重を移す

右足で地面を押さえ、腰骨をもち上げる。紙に判子
を押すように徐々に右足に体重をかける。さらに、
右足に腰骨を乗せ、軸足を移す。

③

右足が軸足になる

軸足が左足から右足へ、完全に移行する。右足でし
っかりと腰骨が支えられたら、腰骨を前方に送り出
すことを意識する。

④

左足を前へ振り出す

自然に抜重した左足は、腰骨の動きとともに、前方
へ振り出される。左足が着地するまで、軸足は右足
のまま。

フットワークと
ポジション

フ　ットワークは足さばきといってもいい。無積雪期は、「ダイレクト歩行」と、「ダイアゴナル歩行*1」の2つが基本となり、これを地形や場面に合わせて使い分ける。ダイレクト歩行は下記「歩行の使い分け」で少し紹介するが、普段の歩き方に近く、緩い坂など歩きやすい道に適している。ダイアゴナル歩行は斜面や段差でも安定して腰骨を支えられる歩き方だ。これを身につけると体力の消耗を軽減でき、長時間安定して山を歩けるようになる。

　フットワークに加えてボディポジションを調整することで、さらに効率よく足裏へ荷重をかけられる。体をひねったり前傾させたりして、重心を腰骨の上にまとめるように意識するとよい。現場に応じたフットワークを支えているのは視覚情報であり、「進むべき方向」「少し先のルート状況」「足元のフットホールド」を目で捉える必要がある（P021）。足元に視線が集中しすぎるとナビゲーションが疎かになる。次の瞬間の状況、さらにその先の状況を「チラ見」で確認することが大事だ。

*1　ダイアゴナルは対角線という意味。体の向きや爪先を斜めに向けることなどから、こう呼ばれている。
*2　英語ではピークとピークをつなぐ稜線を歩くこと、つまり縦走もトラバース。パタゴニアのフィッツロイ・トラバースが有名。

歩行の使い分けが鍵となる

緩い登り	緩い下り	大きな段差	トラバース

緩い登り

足元が安定しているならトレッキングポールも有効だ

傾斜が緩い場合は平地を歩く動きと同じだ。つまり進行方向と体および爪先の向きが同じ、ダイレクト歩行となる。ただし軸足への荷重は意識的に行なったほうがよい。

緩い下り

足のアーチ

フォアフットストライクは緩い坂で有効。足のアーチで衝撃を吸収できる

下りの足さばきは爪先の向きだけでなく、フォアフット、ミッドフット、ヒールと、足裏のどこで地面をキャッチするかでも変わるので、状況に応じて使い分ける。

大きな段差

膝を覆うくらいまで上体を大きく前傾させると安定する

段差が大きい場合は軸足で腰骨を支えることがより重要となる。上体と爪先を横に向けて、山側の軸足で腰骨を下げると衝撃を和らげることができる。

トラバース

道が谷側に傾いているときは、山足は進行方向、谷足を少し開く

傾斜がきつい場合、爪先と上体を山側に向けスリップに備える

斜面を横切る動作をトラバース*2と呼ぶが、道幅が狭くラフな路面のトラバースでは山足と谷足の爪先の向きを変えるなどフットワークの工夫が必要だ。

ダイアゴナル歩行

傾斜が強い場合や段差がある場合は、体と爪先を進行方向に向けたままだと骨格の動きに制限があって足裏を押さえつける力が弱くなる。そこで、爪先と上体の両方を進行方向ではなく、やや斜め方向に向ける。またライン取りも直登ではなく斜めにすることもある。これをダイアゴナル歩行という。

①

進行方向

爪先の向き

体を斜めに向ける

進行方向に対して正面を向かず、体を斜めにする。爪先の向きは、進行方向に対して斜め45度くらいにする。この図で軸足は右足。

②

足の動き

左足を送り出す

軸足の右足にしっかり荷重をかけ、腰骨を支える。左足はフットホールドを見極めつつ、右足の前を通過するように斜め前に送り出す。

③

左足に荷重をかける

送り出された足がフラットに着地して地面を捉えたら、徐々に荷重を大きくする。右足でこの動作を繰り返し斜上する。

下りでもダイアゴナル歩行は有効。ミッドフットで地面をキャッチし、確実な足場を一歩ずつつくる歩き方なので、軸足で体をしっかりと支えることができる。スピードは出ないが安定感があり、スリップや転倒を防ぎ、疲れや膝の痛みも軽減してくれる。下りが苦手な人には特におすすめだ。

①

体を斜めに向ける

下る方向に対して体を斜めにする。軸足の左足に重心を残しながら徐々に体を下ろす。飛び降りるような動作ではなく、重心を制御することを意識する。

②

上体をやや前傾させて腰骨を右足へ乗せる

下ろした右足に荷重

左足に荷重を残したまま右足を下の段へ置き、地面をミッドフットでキャッチしたら、足裏をフラットにして荷重をかける。

③

右足の前に左足を出す

軸足が左足から右足へ完全に移行したら、上体はやや前傾で維持したまま、抜重した左足を宙に浮かせて、右足の前を通るようにして次の一歩を出す。

Footwork

岩場での行動

岩場や岩稜帯で大事なのが観察力だ。直面している岩場の登りやすい、いわゆる「弱点」を探し出し、それらの「点」をつないだ「線」を読む。これがより確実に登ることができる「ルート」であり、このルートを見つけ出す作業をルートファインディングという。この作業は岩場に取り付く前、先が見通せる、やや離れた位置から行なう。

登り始めてからは、注意深く手足を動かしながら先を見通し、数手先までのホールドと大まかな動作を頭の中で素早く組み立てる。「現在の行動」「次のセクションの行動の組み立て」という2つのタスクを同時に処理し、さらには周囲の状況や天候変化などを観察するというタスクも加わってくる。このように、マルチタスクを処理しながら行動するのが登山であるが、岩場や岩稜では「現在の行動」に精いっぱいで、ルートの先読みや周囲への配慮ができず、事故につながることもある。そうならないためにも安定した歩行は重要で、重心をコントロールし、軸足で腰骨を押し上げつつ運んでいくという基本は身につけておきたい。

岩場や岩稜での基本姿勢

○

手の使い方
手は岩をつかむのではなく、岩を押さえつけるように使う

足の使い方
急斜面では、岩角やくぼみにブーツを押しつけるように置く

正しい姿勢

重心を腰骨に集約して軸足で立つ。平坦地を歩くときよりも上体を軸足で支える意識を強くもつ。手はあくまでも姿勢を保つための補助的なもの。手で保持しようとするとすぐに疲れてしまうので、しっかり足で立つ。

×

手の使い方
握り込んだり手前に引っ張ったりすると、岩が剥がれることもある

足の使い方
足に重心が乗らず不安定で、上体が振られやすい

間違った姿勢

壁にしがみつくような体勢になると、軸足に重心が乗らず、ブーツがフットホールドから外れてしまう。また、わずかなブレで上体が振られる。壁と体の間に空間がないと手足を動かしづらく、視界が狭くて次の手がかりや足の置き場を探せない。

目線と姿勢

手元、足元、天候の変化などさまざまな情報を得るためにアップライトポジションをとる*。顔が岩に近づきすぎると視野が狭くなり、ルートの維持やホールドを見極める作業が困難になる。

* 背骨が伸びて、上体が起きた姿勢をアップライトポジションと呼ぶ。足元の確認は重要だが、そこだけ見ていると頭が下がり、上体も前屈みになる。しっかり足で立つと、上体を起こせて視野が広がる。

先の状態を確認する

先を見通すことは、ルート維持と数手先のホールドと動作を予測するために不可欠だ。手元、足元だけでなく、ルートの先を見通す習慣を身につけよう。

足元の状態を確認する

岩稜帯ではフットホールドに足が乗るまで、意識を集中させる。足を置いた瞬間に滑らないか、岩が浮いていないかを探りながら体重を乗せていく。

手足の動き

軸足で重心をコントロールできていると、動作が滑らかで安定する。逆に重心がコントロールできていないと、動作が途切れがちでぎこちない。技術の習熟度は見た目に現われる。

姿勢をつくってから右足を出す

1歩目のフットホールドに右足を上げ、徐々に体重を乗せていく。手で体を引き上げるのではなく、岩の上に手のひらを押しつけるように使う。

右足が軸足になったら左足をもち上げる

フットホールドとして使えると判断したら右足に完全に荷重をかけ、体をもち上げて軸足とする。腰骨の動きを止めて、左足を抜重して上げる。

軸足を右足から左足へ移す

もち上げた左足を、見定めたフットホールドに置く。滑らないか、浮き石ではないかなどを確認した上で、徐々に軸足を右足から左足に移す。

手はあくまでも補助的に使う

手で岩にしがみつくと滑らかな動作にならない。手を使う急な岩場でも、軸足さえしっかりしていれば安定する。

鎖やハシゴでの注意点

鎖やロープ、ハシゴなどは、体重を預ける前に強く引くなどして、強度が充分かどうかを確認してから使う。鎖場では支点と支点の間は1人ずつ通過し、ハシゴでも1人ずつの間隔をあけて、接触による転落などに注意を払いたい。岩場や岩稜は素手で登り下りするが、鎖やハシゴはクライミング用のビレイグローブをつけると、しっかりと握ることができる。

長い岩稜やハシゴ、鎖場がルート中にある場合は、充分な技術・体力レベルを満たした少人数のチームで行動したい。レベルが未熟だったり大人数だったりすると通過に時間がかかって、登山行程全体に影響が及ぶ上に、ほかの登山者の行動を遅らせる要因にもなるので注意したい。

鎖場での基本姿勢

鎖にぶら下がると体が振られて、バランスを崩しやすい。足を地面に踏ん張るようにして体を支え、腕は鎖を固定してある支点と綱を引く要領で動かすとよい。

登りでは肘を曲げ、下りでは伸ばして体を移動させる

足はしっかり地面を押さえて踏ん張る

正しい姿勢

足で地面を踏ん張り、上体を押し上げる。登りで鎖を引くときは肘を曲げて力を入れるようにする。下りではその逆で、肘を伸ばすようにする。

鎖を引きつけすぎると、ぶら下がる姿勢になり身動きがとれない

縮こまった足だと、次の一歩が出ない

間違った姿勢

足の踏ん張りが弱く、腰骨を押し上げる力がないとバランスがとりにくく振られやすい。手で鎖にしがみつくと動きが制約される。

ハシゴの使い方

ハシゴは横板を使うのが原則。縦の柱をつかむとスリップした際に止めることができない。下りでの事故が多いので、足元を見ながら慎重に。

スリップに備えた動きを

ハシゴがある箇所はその前後も急峻であることが多い。登りきった後や下りた後の状況を確認して、転落やスリップを起こさないようにしよう。

鎖とランヤード

鎖場でランヤード*を使っている人を見かけるが、これは「安心」対策であって「安全性の確保」においては不十分であることを知っておきたい。

* ハーネスに装着し、アンカーやフィクストロープなどに連結して身体確保の役割として使う。ダイニーマなど高強度ポリエチレン素材を使ったタイプは、墜落の衝撃を吸収する仕様になっていない。

墜落の危険性

クライミング用のソウンスリングには墜落衝撃を吸収する性能はない。安心して行動できるというメリットはあるが、墜落時には体に大きな衝撃が生じる。

墜落した場合、下の支点でランヤードのカラビナが止まるが、体への衝撃は大きい

体はランヤードによって止まっても、大きな衝撃で、骨折や内臓損傷の可能性がある

登山靴の正しい履き方

地面からの突き上げ衝撃を吸収するのが足のアーチで、着地の衝撃を繰り返すうちにアーチは徐々に崩れてしまう。

登山靴は足のアーチの崩壊を防ぐ役割がある。ギプスで固めるごとく、アッパーを靴紐で締め込むことで足全体をしっかり固定しているのだ。正しく靴紐を締めることは、足のトラブルを未然に防ぐとともに、足と靴の性能を引き出すためにとても重要なことである。行動中に靴紐が緩んだら面倒がらずに立ち止まり、安全な場所で締め直そう。

1 靴紐を爪先までしっかり緩める。ブーツとかかとを合わせる

2 ブーツのヒールを打ちつけてかかとを合わせながら、靴紐を爪先から締め上げる

3 足首の屈曲部まで締めたら、再度、かかとを合わせる

4 いちばん上まで締めたら靴紐を上に引く。靴を上下にゆすってアッパーをフィットさせる

5 根元を2回巻くと緩みにくい。ベター・ボウ・ノットという

6 甲がアッパーで固定されているか、爪先に少しゆとりがあるか、かかとが合っているか、確認する

CHAPTER
04

積雪期のクロージング・システム

日本には四季がある。人々の生活様式はそれを反映しており、「夏山」「冬山」といった登山シーズンで呼ばれているのも、その表われだろう。しかし春夏秋冬は生活慣習に基づいた季節の分け方で、環境の変化の明確な分類ではない。それを山岳エリアに当てはめても、特に標高が高い山域や降雪が多い地域では、生活圏での四季の移り変わりとは必ずしも一致しない。

山岳エリアを実際の環境に基づいて分類すると、雪が降って積雪量が増える季節と、降雪がなくなり積雪量が減る季節の2つに分けられる。前者は「降雪がある積雪期」、後者は「降雪のない残雪期」と呼ぶことができる。このように、積雪状況を中心に評価した場合、山岳エリアの季節は2つしかない（標高の低い山には「無雪期」があるが、ここでは山岳エリアでの季節に限る）。

登山のウェアや装備を選ぶときに基準となるのは、雪が降り積もっているか、気温が低く強い風が吹いているか、風や降雪量の増加といった外力が積雪にどのような影響を及ぼすか、などの正確な環境の評価だ。今回は雪山を「降雪のある積雪期」と位置づける。そしてまず、積雪や寒気などの環境を評価しリスクを特定し、その対策としてのウェアの組み立て方、つまり「クロージング・システム」を考えてみる。「降雪があり積雪が増える時期」であ

る雪山は、山域によって異なるが、長いところで11月中旬から5月中旬くらいだろう。この期間は絶対的なものではなく、年によって変動する。この時期に特に警戒しなくてはならないリスクは、雪崩、スリップ、凍傷、そして低体温症だ。これらは、降雪、積雪、低温、強風といったこの時期特有の自然環境要因と、濡れ、低温下の暴露時間、熱産生能力の不足、習熟度の低い歩行技術、雪崩地形への進入といった人的要因が重なって発生する。

現場では、複数のリスクが同時に存在するため、重要度を見極めて評価しながら対応するが、準備段階でもリスクに備えることが可能だ。体力をつけ技術の習熟度を高めることのほか、環境に適したクロージング・システムを組み立てることだ。つまりクロージング・システムの構築はリスクマネジメントの一環であり、登山の成否や生死を分ける重要な要素といえる。

環境の評価とリスク

四季	夏			秋			冬			春		
月	6月	7月	8月	9月	10月	11月	12月	1月	2月	3月	4月	5月
雪の状態			残雪期				積雪期					
寒冷の要因							寒気 / 強風					
リスク							雪崩 / スリップ（滑落） / 凍傷 / 低体温症					

生活圏での四季、月と降雪の有無、寒気の状況とリスクの対比を表にした。地域差があるのですべての山域に当てはまるわけではないが、環境を評価するひとつの方法として参考にしてほしい。

リスク、ハザード、対策の関係

リスク	ハザード	対策
凍傷	低温（環境要因） 風（環境要因） 濡れ（人的要因）	行動時間短縮（スピード） 濡れ軽減（レイヤリング）
低体温症	低温（環境要因） 風（環境要因） 濡れ（人的要因）	行動時間短縮（スピード） 濡れ軽減（レイヤリング）
雪崩	降雪（環境要因） 積雪内の温度勾配（環境要因） 雪崩地形への進入（人的要因）	降雪直後は行動しない 雪崩地形に入らない
スリップ	クランポン引っかけ（人的要因） つまずき（人的要因） 岩、氷（環境要因）	フラットフッティング 歩行技術の訓練

リスクマネジメントは、まずリスクを特定することから始まる。次にそのリスクの要因、つまりハザードを評価する。最後にそれらへの対策を講じる。この手順を疎かにすると、リスクを回避できなくなる。

レイヤー それぞれの役割

レイヤリング[*1]は、「ベースレイヤー」「ミッドレイヤー」「シェルレイヤー」に分類される。「Keep Dry」のために、まず、ベースレイヤーが水蒸気と汗を吸い上げる。この吸水性を発揮するためには生地は肌に密着しているほうがよい。いかに吸水性の高い素材であっても、体から離れていれば汗を吸い上げることはできない。

繊維は吸湿性と吸水性が高いのはもちろんのこと、蒸散性も高いことが条件となる。

中間層であるミッドレイヤーはベースレイヤーが蒸散させた水蒸気を吸い上げ、生地表面でさらに蒸散させる機能、加えて断熱性も必要だ。気候に合わせた構造や厚みであることにも留意するとよい。

いちばん外側の殻（シェル）として登山者を守るシェルレイヤーには、ミッドレイヤーが放出した水蒸気を外に逃がす機能と、雨や風を防ぐ機能が必要だ。つまりこの層には透湿性、防水性、防風性を備えた素材が適している。無雪期のシェルレイヤーは雨天でなければ透湿性と防風性だけのソフトシェルやウインドシェルが重宝する。

3つのレイヤー

体から放出された水蒸気と汗をベースレイヤーが吸い上げ、水分は水蒸気として次のレイヤーへ受け渡される。シェルレイヤーは透湿性によって水分は外へ、防水性と防風性で雨と風を遮る構造になっている。

*1 レイヤー（層）ごとに役割をもたせたウェアを重ね着することをレイヤリングという。これを基本に、リスクや環境への対応を念頭にウェアを組み立てることをクロージング・システムと呼ぶ。

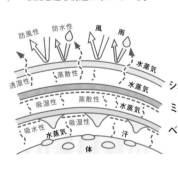

シェルレイヤー

この層の透湿性が低いと蒸れを感じる。蒸れは結露につながり、内側の濡れとなる。優れた透湿性と高い耐水圧による防水性、防風性はまさに「殻（シェル）」と呼ぶべきアイテムだ。

ミッドレイヤー

気温や環境による使い分けが最も複雑になる層。そのため多種多様な製品が市場に流通している。気温が高い晴天時なら、この層が最外層になることもある。蒸散と断熱を兼ねる。

ベースレイヤー

英語では「ネクスト・トゥ・スキン（肌の次）」と呼ばれることもある。レイヤリングの内側に位置するので外からは見えないが、この層が不適切な素材だと生死に関わることもある。

クロージング・システムの重要性

凍傷や低体温症の対策としてクロージング・システムは重要だ。登山は運動強度の変化が激しく、自然環境も同時に変化する。このような条件下で対策を怠ると、体は雪などによる外側からの濡れとともに、体から放出される水蒸気の結露と汗でウェア内側からも濡れてしまう。そして濡れは、凍傷や低体温症の要因になる。

濡れた状態が乾いた状態に比べて熱を奪うのは、熱伝導率の違いによる。熱伝導率は水（液体）と空気（気体）で25倍も違う。「Keep Dry」（乾いた状態を保つこと）が重要といわれるのはこういったことが根拠となっている。

そこでウェアをベースレイヤー、ミッドレイヤー、シェルレイヤー、サーマルレイヤーに分け、それぞれに異なる機能を与えることで外側と内側からの濡れ、ウインドチルや寒気の影響を軽減するシステムを構築して、凍傷や低体温症などのリスクを回避する。

2つの濡れと強風

凍傷と低体温症の要因である濡れと風は、登山者にとって避けて通ることのできない厄介な存在だ。だからこそ、その正体をしっかりと把握して対策を立てておきたい。

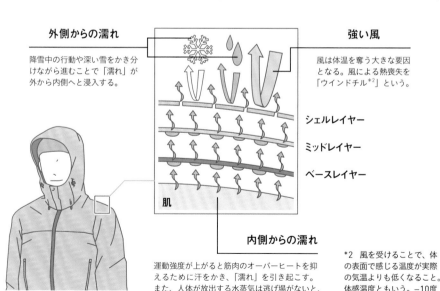

外側からの濡れ

降雪中の行動や深い雪をかき分けながら進むことで「濡れ」が外から内側へと浸入する。

強い風

風は体温を奪う大きな要因となる。風による熱喪失を「ウインドチル[*2]」という。

シェルレイヤー

ミッドレイヤー

ベースレイヤー

肌

内側からの濡れ

運動強度が上がると筋肉のオーバーヒートを抑えるために汗をかき、「濡れ」を引き起こす。また、人体が放出する水蒸気は逃げ場がないと、ウェア内側で結露する。これも「濡れ」の原因だ。これらの水分をクロージング・システムによって、ウェア外へと逃がす必要がある。

*2 風を受けることで、体の表面で感じる温度が実際の気温よりも低くなること。体感温度ともいう。−10度の環境で風速10mの風を受けると、ウインドチルは−20度になる。

クロージング・システムの構築

下記は、雪山登山時のクロージング・システムの一例だ。システム構築のポイントは、「降雪」と「寒気」、そして「風」だ。この3つがそろいやすい時期とそうでない時期でシステムも異なる。

寒気が厳しい時期には、断熱性の高いベースレイヤーとミッドレイヤーを選ぶ。イ

寒気が厳しい時期

寒気が緩んだ時期

ベースレイヤー

肌に直接触れる層なので吸湿性、吸水性、蒸散性、断熱性が求められる。これらの機能のどれが欠けても生命に関わる深刻な状況に追い込まれる。

吸水効率や吸着熱の体感などを考慮し、体にフィットするサイズを選ぶ。寒気が緩む時期は薄手のものに変える。

ベースレイヤーの素材の選択

ベースレイヤーの素材はウール、ポリエステル、ウールとポリエステルの混紡などがある。また、これらの素材を組み合わせてひとつの製品に仕上げたものもある。運動強度と自然環境に合わせて慎重に選びたい。

ミッドレイヤー

ベースレイヤーとシェルレイヤーの中間に位置するのでミッドレイヤーと呼ばれる。この層は生地の厚みや素材などのバリエーションが豊富だ。

ベースレイヤーから水分を受け取り、外へ蒸散させる役割に加えて、環境に合わせた断熱性が求められる。

風がなく気温が低くなければ、ミッドレイヤーのタイツは着用せず、プルオーバーシャツだけを使うこともある。

ンサレーションジャケットは断熱性と透湿性を併せもち重宝する。この時期はハードシェルを常時着用して行動することが一般的で、休憩時は体温を逃がさないように、ハードシェルの上からサーマルレイヤーを着用し、次の行動に備える。

寒気が緩んだ時期のシェルレイヤーは、ソフトシェルのほうが快適なことがある。降雪がなく風も弱いので、防水性と防風性がソフトシェルのレベルでちょうどよいためだ。ハードシェルも携行するが、気温や風によって使うかどうか判断する。

インサレーション

厚みを抑えながらも、断熱性と透湿性を併せもったインサレーションジャケットは、寒気の厳しい時期のミッドレイヤーとして適したアイテムだ。

断熱性と透湿性に優れた素材のウェアは、運動強度の変化に対応するので行動着に適している。

ソフトシェルでは寒く感じる場合のオプションとして、ハードシェルなども携行する。

シェルレイヤー

防風、防水、透湿機能を備えたシェル（殻）としての役割をもった層。水蒸気を外へ逃がす透湿性に優れたものほど結露を抑えてくれる。

ハードシェル

行動中のほぼ切れ目なく着用しているため、耐久性が高く、動作を妨げないデザインや構造のものがよい。

ソフトシェル

寒気が緩んだ時期は透湿性と防風性を兼ね備えたソフトシェルが定番アイテムといえるだろう。

サーマルレイヤー

休憩時やビレイ中の体温低下を抑えるために使う。このためビレイジャケットと呼ばれることもある。ポケッタブルタイプが携行しやすい。

気温が低く、風が強い場合は行動中に着用することもある。フーデッドタイプのほうが頭部の保温性が高い。

近年普及しつつある化学繊維とダウンのハイブリッドタイプは、この時期に活躍するアイテムだ。

寒気が厳しい時期には、バラクラバやフェイスガードも用意して顔の凍傷を防ぐ。マウンテンブーツにオーバーゲイターを一体装着した、ビルトインゲイタータイプのブーツは、靴内で暖められた空気を逃がさず保温性が高い。

　寒気が緩んだ時期でも、バラクラバ、ネックゲイターなどのヘッドギアを状況に応じて使う。ブーツは足首部分が細く閉じたタイプのシングルブーツがよいだろう。

繊維の知識

　登山ウェアに使われている繊維の多くはウールかポリエステルだ。断面を工夫したり、糸に細工したりしているが、このいずれかをアレンジしていることが多い。これらの具体的な特徴は下のとおりだ。

　ウールは、天然繊維のなかでは古くから登山ウェアに使われている。繊維は非常に複雑な構造で、疎水性（表面が水を弾く性質）をもちながら、極めて高い吸湿能力もある。ウールの吸湿性能は、公定水分率が高いことからもよくわかる。これにより、人体が放出する水蒸気を効率よく取り込んで繊維に吸着させて熱を生み出す。ウールを着ると暖かく感

寒気が厳しい時期

寒気が緩んだ時期

ヘッドギア

首や頭部は、脂肪が少ないなどの理由から熱喪失が進みやすい。バラクラバ、ネックゲイターなどで保温対策と防風対策をとっておく。

バラクラバとフェイスガードを併用すると口周りが凍りにくい。ヘルメットを着用するならキャップは薄手がよい。

寒気が緩んでも悪天に備えてバラクラバは携行しておく。ネックゲイターは薄いものがあると便利だ。

アイウェア

雪山では、紫外線、風、寒気など目への負担は大きい。確実なルートファインディングのためにもサングラスやゴーグルで目を保護しよう。

この時期は強い寒気が流入し風も強い。風から目を守り視界を確保するためにゴーグルは不可欠だ。

寒さが緩むと風は弱まるが、紫外線は強くなる。ゴーグルよりもサングラスの出番が多くなる。

繊維の特徴

繊維	天然繊維		化学繊維		
	綿	ウール	ポリエステル	ナイロン	レーヨン
比重	1.54	1.32	1.38	1.14	1.51
公定水分率（%）	8.5	15.0	0.4	4.5	11.0
熱伝導率（W/mK）	0.08	0.04	0.15	0.24	0.06

公定水分率が高いほど繊維内部に水分を多く取り込める（吸水性）。熱伝導率は数値が小さいほど熱を伝えにくい(断熱性)。空気の熱伝導率は0.0241（W/mK）、水は0.561（W/mK）

じるのは、この吸着熱のためだ。また、熱伝導率が低いことも登山ウェアに適した特性だ。ただし、繊維強度が低い、吸収した水分を溜め込むので乾きが遅いといった欠点もある。

　合成繊維では、1953年、世界に先駆けてデュポン社が「ダクロン」の名称で生産を始めたポリエステルは多くの登山ウェアに使われている。繊維強度が高く、濡れても寸法が変化しにくい安定性をもち、ほとんど水分を吸収しないので乾きも早い上、他の繊維との混紡にも適していることが登山ウェアに採用される理由だ。

グローブ

雪をかき分ける行動時間が長いとグローブの濡れは進行し、風が強いと手の温度は急激に下がる。濡れと風への対策が重要なのはウェアと同じだ。

濡れ対策のシェルグローブは防風対策にも役立つ。濡れや紛失に備え交換用グローブは常に用意しておく。

寒気が緩むと防風性を備えた薄手のグローブが重宝する。グローブライナーはあくまでも内側で使う。

ブーツ

ブーツの断熱性、密閉性は足の凍傷を防ぐ重要な要素だ。この季節はクランポンの装着が前提であることを忘れてはいけない。

ビルトインゲイタータイプは密閉性が高いので雪が入りにくい。また、寒気が入るのを抑え、体温が逃げにくい。

ベロに伸縮素材、足首部分にネオプレンを使ったタイプはフィット感が高く、密閉性にも優れている。

CHAPTER
05

積雪期のギアと歩行技術

　環境や植生が、ほぼ等しい標高で広がりをもちながら、一定の幅に限定された帯状（ゾーン）に分布することに着目し評価することをゾーネイション*と呼ぶ。ゾーネイションは環境を示したものなので客観性をもっている。自分が挑戦する山に分布するゾーンを知ることは、ギアの選択だけでなくリスクマネジメントの観点からも、登山ルートの技術的な難易度にこだわるよりもはるかに重要だ。

　一般的な山岳地形のゾーンは「フットヒルゾーン（丘陵帯）」「モンタンフォレストゾーン（低山森林帯）」「サブアルパインゾーン（準山岳帯）」「アルパインゾーン（山岳帯）」に分類される。

　サブアルパインゾーンとアルパインゾーンの境界が森林限界となる。特に積雪期においては、ここを越えるかどうかで環境は大きく変化する。このゾーンに挑戦する場合は、凍傷、雪崩、スリップなどのリスクに対する備えが必要だ。

　ここでは、低山森林帯とアルパインゾーンにおける、ギアの選択と歩行技術について解説していく。

*　植生や生物の分布に影響を与えるような環境は、ある標高から別の標高まで同じ状態を保ち、ひとつの帯（ゾーン）を形成している。このゾーンによって、ある山塊の環境の違いを示したものをゾーネイションという。

ゾーネイションと標高

各ゾーンは標高だけでなく、緯度や海岸線からの距離、独立峰か連山かなど複数の条件によって決まる。つまり同じ標高でもゾーンは異なる場合がある。

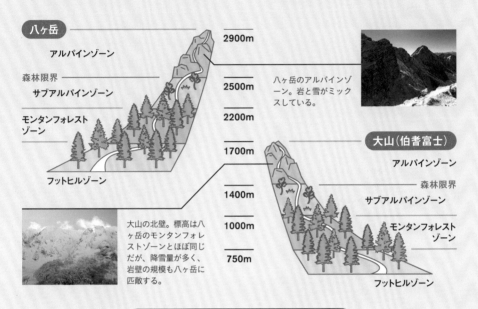

八ヶ岳

アルパインゾーン

森林限界
サブアルパインゾーン

モンタンフォレスト
ゾーン

フットヒルゾーン

2900m

2500m

2200m

1700m

1400m

1000m

750m

八ヶ岳のアルパインゾーン。岩と雪がミックスしている。

大山（伯耆富士）

アルパインゾーン

森林限界
サブアルパインゾーン

モンタンフォレスト
ゾーン

フットヒルゾーン

大山の北壁。標高は八ヶ岳のモンタンフォレストゾーンとほぼ同じだが、降雪量が多く、岩壁の規模も八ヶ岳に匹敵する。

ゾーネイションとギア

ゾーンは環境を表わしているので、そこからリスクを評価しやすいという利点がある。八ヶ岳と大山を例に、ゾーンごとのリスクとそれに対するギアを挙げた。

ゾーン	八ヶ岳	大山(伯耆富士)	リスク	ギア
アルパインゾーン （山岳帯）	2500〜 2899m	1400〜 1729m	スリップ（高い）	クランポン アックス ロープ
			雪崩（高い）	アバランチギア
森林限界（ツリーライン）				
サブアルパインゾーン （準山岳帯）	2200〜 2500m	1000〜 1400m	スリップ（やや高い）	クランポン スノーシュー アックス
			雪崩（やや高い）	アバランチギア
モンタンフォレストゾーン （低山森林帯）	1700〜 2200m	750〜 1000m	スリップ（低い） 転倒（やや高い）	クランポン トレッキングポール スノーシュー チェーンスパイク
			雪崩（低い）	アバランチギア
フットヒルゾーン （丘陵帯）	1700m以下	750m以下		

低山森林帯の ギアと歩行技術

低山森林帯のルートは、傾斜はおおむね緩く、路面も比較的安定しているので、特別な歩行技術が求められることはあまりない。そのため、凍結箇所があったとしても、チェーンスパイクで対処できる場合もある。ただ、チェーンスパイクは低山森林帯の凍結箇所の滑り止めを想定して作られているため、傾斜が強い凍結箇所や深雪などには利かない。サブアルパインゾーンから上部に入る場合はクランポンが不可欠だ。

低山森林帯で雪が深い場合、輪かんじきやスノーシューが有効だ。輪かんじきはゾーンが変化し、傾斜がきつくなっても使えるのが強みだ。また湿雪にも強い。スノーシューは乾雪に適している。スノーシューの起源について正確なことはわかっていないが、中央アジア、北米、ヨーロッパでほぼ同じ形状のものが使われていたようだ。

チェーンスパイク

数年前から低山森林帯の主役に躍り出た感のあるチェーンスパイク。取り付けが簡単で扱いやすいことが人気の背景。しかし、あくまでも低山森林帯限定だ。

ブーツで地面に判子を押すように力を加える歩き方。足裏全体を偏りなくフラットに使うことからフラットフッティングという。チェーンスパイクやクランポンで使う技術だ。

靴底を地面に対して水平な状態でもち上げて、前に送り出す。このときクランポンのポイントは雪面に向いている

雪面を捉えるときもフラットな状態を保つ。クランポンのすべてのポイントがほぼ同時に雪面に突き刺さるように足を下ろす

スノーシュー

輪かんじきがフレームのみであるのに対して、こちらはデッキを備えていることが特徴。デッキがあるため輪かんじきよりも浮力がある。柔らかくて深い雪上での行動には不可欠といえる。

アタッチメント

ハイキング用のモデルもあるが、登山に使うなら、アルパインゾーンでの使用を想定したモデルがよい

フレームとデッキ

金属フレームとファブリックデッキのタイプは、低山森林帯だけでなくアルパインゾーンでも活用可

スノーシューは浮力があるため、それを利用する。爪先を前に向け、かかとを上げて、デッキを滑らせるように前方に送り出して歩く。

膝で足とスノーシュー全体をもち上げ、雪面の上を滑らせるように前方に進めていく

現在普及しているものは樹脂製デッキのタイプと、金属フレームと丈夫な生地のデッキで構成されたタイプだ。

　チェーンスパイクでも輪かんじきでも、フラットフッティングで歩くのが基本だ。踏み出したほうの足裏全体に体重を乗せ、それを軸足にすれば、もう一方の抜重した足は自然ともち上がる。このときフラットフッティングを意識することで、靴底が地面と向き合う状態を常に維持できる。この動きを習得すれば、クランポン最後列内側のポイント（爪）をパンツの裾に引っ掛けて転倒することを防げる。

輪かんじき

古くから使われてきた輪かんじきだが、横滑りを防止する爪つきタイプは立山山麓の芦峅寺で生まれたといわれている。現在流通している多くは、その影響を受けている。

深い雪の歩行でも軸足を意識したフラットフッティングは有効だ。深雪をかき分けながら歩くことをブラウイング*という。

* 英語圏の「ラッセル」はこの動作を指す言葉ではない。最初に日本に輸入された除雪車がラッセル社製だったため登山用語として浸透した。

トレッキングポール

平坦箇所から緩い傾斜が続く低山森林帯では、アックスよりもトレッキングポールが役に立つ。アルパインゾーンでの使用を想定したモデルは丈夫に作られている。

グリップ

グリップ素材はいくつかあるが、コルクを使ったタイプは低温でも手が冷えにくいのがメリットだ

シャフト

シャフトは3分割方式が多い。携行時は最上段パーツに収納するタイプとZ状に折りたたむタイプがある

スノーバスケット

積雪の有無でバスケットを使い分ける。積雪期用はパウダーバスケットなどとも呼ばれ、輪が大きい

アタッチメント

まだまだナイロンテープで締め込むタイプが多いが、素早く装着できるタイプが出てきた

スパイク

スパイクはステンレス製で錆びにくい。短いので、急な斜面や深い雪では滑り止めとして機能しない

①

雪が膝上くらいまである場合

踏み出した足のブーツ全体を使って雪を押さえる要領で体重を乗せる。このときトレッキングポールがあると体重を乗せやすい

②

軸足に体重が完全に乗ったら、後ろの足の荷重は自然に抜ける。やや大きめに足を外側に回しながら前方へと送り出す

③

前方に送り出した足は、爪先が進行方向を向いて靴底と雪面が向き合う角度になるまでコントロールする

④

靴底全体が雪面に同時に着地するように踏み込む。そのまま雪を潰すような感じで、踏み込めなくなるまで押し込んでいく

アルパインゾーン
のギア

ア ルパインゾーンは森林限界を越える
ため、風を遮る樹木はなく、傾斜は
強くなり、岩の露出が増え、狭い稜線も出
てくる。このゾーンでは雪崩、凍傷、スリ
ップなどのリスクが非常に高くなる。その
ため、厳しい環境でもひるまずに行動でき

る精神力や体力を養っておくことが大前提
だ。そして、このような身体能力に加えて、
機能的なギアを装備し、現場で使いこなせ
ることが、このゾーンに挑戦できる資格と
いえるだろう。

クランポンは12ポイント（爪）が適し
ている。ポイントは長めで、特にセカンダ
リーポイント（前から2列目）がやや前方
に向いたものは傾斜のある雪面で役立つ。
クリップオン*1タイプはブーツとの一体感
が高く、凍結した箇所や露出した岩での確

*1　クランポンの爪先側の金属製ベイルを
ブーツのグルーブ（溝）に合わせ、かかと側
の樹脂製クリップでテンションを高めてブー
ツに装着する形式。ワンタッチとも呼ぶ。

クランポン

アルパインゾーンでは足元は雪、氷、岩で複
合的に構成される。変化を伴うフットホール

ドを確実に捉えることがクランポンの役割だ。
ブーツとの一体感の高いものを選ぶ。

フロントポイント

岩綾や雪綾、雪壁が中
心のルートでは、フロ
ントポイントはフラッ
トな形状のデュアルポ
イントタイプがよい

アイスクライミングや岩と氷が
ミックスするルートではフロン
トポイントが1本のモノポイン
トが有効だ。

アタッチメント

フロントピースが金属ベイルの
クリップオンのものが一体感が
高い。ベイルとブーツの整合性
も確認する

実なホールドにつながる。

アックスはクラシカルマウンテニアリングアックス（タイプB）、テクニカルアイスアックス（タイプT）に大別できる。前者はストレートシャフトで軽量、歩行主体

のルートに適している。後者はカーブドシャフトでピック交換が可能、登攀要素があるルートに適している。

また、アルパインゾーンでもクライミング要素が多いルート、つまりアイスクライミングや傾斜の強いバリエーションルートでは、その環境に合ったギアが必要となる。

アックス

アックスの役割は雪面を利用して杖として歩行の補助にすること、ピックを使って前進手段にすること、スリップを止めることなどだ。登攀スタイルによって使い分ける。

タイプB

UIAAでは、氷河歩行やスキーマウンテニアリングなど、積極的にピックに体重をかけるような使い方を行なわないものをタイプBと位置づけている。

ピック

スリップを止めることを主目的としたものはカーブが山なりに、前進手段に使われるものは逆に反っている

シャフト

歩行中心ならストレートで腕よりもやや長め、登攀要素が高いルートでは腕の長さのカーブドシャフトがよい

スパイク

雪面に刺して歩行を補助する。登攀要素が高いルートで使うモデルは、この部分に小指がかけられるものがある

タイプT

タイプBが歩行補助の用途であるのに対して、タイプTはピックに体重をかけ、前進手段として使うことを想定したモデルだ。

ハンマー

ピトンやパッシブプロテクション*2を打ち込んだり、岩を叩いて状態をチェックしたりするために使う

トリガー

人差し指をかけたり、アックスを持ち替えやすくするためにつけられたパーツ。メーカーによって名称は異なる

アックスを前進手段に利用することがあるルートでは、グリップエンドに指を守るパーツがついたものがよい

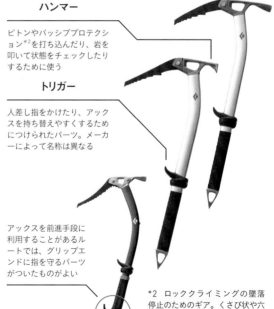

アッズ

雪面を削ってステップをつくったり、氷を削ったりするためのパーツ。木を削る道具が由来となっている

*2 ロッククライミングの墜落停止のためのギア。くさび状や六角形などの金属製のパーツにワイヤーが通してある。通常は手で設置するが、よく利かせるためにハンマーで叩く場合もある。

アルパインゾーンの歩行技術

サブアルパインゾーンからアルパインゾーンにかけて、傾斜はきつく、樹林はまばらで、硬い雪や氷、岩が露出する箇所は多くなる。両側が切れ落ちた狭い稜線歩きも増え、緊張を強いられる場面も出てくる。このような環境では、スリップや転落、雪崩といったリスクは低山森林帯に比べて高い。これらのリスクへの対策として、充分な装備とそれを使いこなす技術が不可欠だ。

それぞれの技術は、登りなのか下りなのか、また傾斜の緩急によって大まかに分類されている。もちろん、これらの分類は目安であって、絶対的なものではない。あくまでも現場で最も有効な手段を講じることが重要である。訓練によって基本となる技術の習熟度を高め、挑戦的な登山では状況に合わせた応用力が求められる。

斜度と歩行技術

アッセント（登り）

斜度	進行方向に対する体の向き	クランポンテクニック		アックステクニック
0〜20度	ダイレクト	フラットフッティング	フラットフット	ケインポジション
20〜30度	ダイレクト	ダックウォーク	フラットフット	ケインポジション
30〜45度	ダイアゴナルダイレクト	クロスステッピング	フラットフット	ケインポジション
45〜70度	ダイレクト	スリーオクロック	フロントポイント	ケインポジション　ステイクポジション　ダガーポジション（ロー、ミドル、ハイを使い分ける）
70度〜	ダイレクト	フロントポインティング	フロントポイント	トラクションポジション

ディッセント（下り）

斜度	進行方向に対する体の向き	クランポンテクニック		アックステクニック
0〜20度	フェイシングアウト	フラットフッティング	フラットフット	ケインポジション
20〜45度	フェイシングアウト	サイドステッピング	フラットフット	ケインポジション
45〜70度	フェイシングイン	フロントポインティング	フロントポイント	ステイクポジション　ダガーポジション
70度〜	ラペリング			

クランポンおよびアックステクニックをアッセント（登り）とディッセント（下り）に分け、斜度を基準に、進行方向と体の向き、それに伴う技術を一覧にした。クランポンテクニックについては補足として足の置き方を加えた。

進行方向に対する体の向き

アッセント（登り）

ダイレクト

斜面の最大傾斜線*に進行し、体もこれと同じ向きで登る。この登り方をダイレクトアッセントと呼ぶ。

ダイアゴナル

斜面の最大傾斜線に対して、斜め方向に進行する登り方。体の向きも斜めになる。この歩き方をダイアゴナルアッセントと呼ぶ。

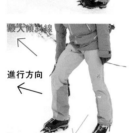

ディッセント（下り）

フェイシングアウト

最大傾斜線に対して、体も同じ方向を向いて進む下り方。フェイス（顔）が外側を向くことからこのように呼ばれている。

フェイシングイン

傾斜が強い場合は体を谷側に向けて下るのが難しくなる。そこで顔を斜面側に向けて下っていくが、これをフェイシングインと呼ぶ。

* ある斜面における最も傾斜が強いラインを指す用語。最大傾斜角方向やフォールラインとも呼ばれる。物理学用語だが、スキーやゴルフなど、スポーツでも広く使われる。

ボディポジションの注意点

アッセント（登り）

○

体重を乗せた足を軸足として、押し上げるような力を腰骨に伝えて歩く。このポジションを維持するためにも正確なフラットフッティングが不可欠である。

×

フラットフッティングによる軸足への荷重が不十分だと、クランポンのポイント全体で雪面を捉えることができずに上体のブレが生じ、のけぞったりする。

ディッセント（下り）

○

下りで安定したボディポジションを維持するためには練習が必要だ。腰を下げることで軸足へ荷重をかけやすくなる。腰の高さがあまり上下しないように足首と膝の動きを活用する。

×

初心者が起こしやすいのは山側に上半身が残って、谷側に出す足が伸び、かかとから着地してしまう動きだ。この歩き方はスリップを起こしやすいし、膝を痛めやすい。

Ice axe technique

アックス テクニック

ア ックステクニックは、どのように持ってどう使うかという観点で分類される。持つ位置はヘッド、シャフト、グリップで、歩行の補助にはヘッドを、斜度が強くクライミング要素が高くなるとシャフト上部や最下部のグリップを握る。

基本的には、ピックが斜面を向くこと、雪面に対してシャフトが90度の角度を保ち、

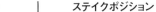

ケインポジション

アックスを歩行の補助として杖のように使うことをケイン（杖）ポジションと呼ぶ。スパイクを雪面に刺すように使う。ピックが斜面を向くように握ることが基本である。

セルフアレストグリップ（左）はアッズの付け根を親指と中指で握る。セルフビレイグリップ（右）はヘッド中央を上から握る

ステイクポジション

アックスのヘッドを両手で持ち、ケインポジションよりも強い力で雪面に突き刺す。高い支持力が得られることからステイク（杭）と名づけられた。ダイアゴナルアッセントの方向転換時にも使う。

アッズとピックを両手で握る。両肩でヘッドを上から押さえるようにするとシャフトに力が伝わりやすい

トラクションポジション

傾斜が強い箇所で氷や硬い雪面にピックを突き刺し、荷重をかけて体を引き上げるために使う。握る位置はシャフト最下部のグリップで、グリップエンドに小指がかかるくらいがちょうどよい。

アックスを振るときは、肩、肘、手首、ヘッドが一直線になるように意識するとよい

スパイクが確実に刺さることを念頭に置く。この考え方をもとに、ヘッドの持ち方はセルフビレイグリップとセルフアレストグリップの2つに分けられている。アレストは「滑落停止」という意味で、いずれもピックまたはスパイクがしっかりと雪面に刺さり、腕の力がヘッドやスパイクに伝達し、歩行の補助またはスリップ停止の役割を果たすようにしっかりと握ることが肝心だ。

　ヘッドからシャフト上部を持つ方法はダガーポジションと呼ばれる。ダガーポジションはピックを突き刺す高さで持ち方も変わる。ピックに荷重をかけて体を引き上げる方法はトラクションポジションという。ピックが横方向に振れないように肘を引きつける要領で使う。

ローダガーポジション

腰くらいの高さにピックを刺したいときに使う。登りのときはもちろん、フェイシングインで下るときにフロントポインティングと併用すると体勢が安定しやすい。

ミドルダガーポジション

胸くらいの高さにピックを刺したいときに使う。力を入れやすいが拳が雪面に当たるので、ピックを刺すときに力加減を調整したほうがよい。

ハイダガーポジション

顔くらいの高さにピックを刺したいときに使う。ヘッドに対して上から下への力を加えやすい握り方なので、体を押し上げるときに有効な持ち方といえる。

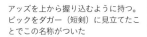

アッズを上から握り込むように持つ。ピックをダガー(短剣)に見立てたことでこの名称がついた

ヘッド直下のシャフト上部を握る。近年、カーブドシャフトになってから、雪面との干渉が軽減された

アッズの下に親指をかけて残りの指でヘッドを握る。セルフアレストグリップと同じ持ち方だ

Crampons technique

クランポン
テクニック
（アッセント）

ク ランポンテクニックで重要なのはポイント（爪）が雪や氷、岩を捉え、体を支えているのを意識することだ。クラ

ンポンの足さばきは数種類あるが、足の置き方はフラットフッティング（P042）とフロントポインティングの2つに絞られる。

フロントポインティングはブーツの先端から前方に伸びた爪を使う。フロントポイントで捉えた岩または氷を押さえながら、この箇所から拇指球にかけては動かさずに維持したまま、かかとをひねるように上げ、ホールド感を高める。

元来、フラットフッティングはあらゆる傾斜に対応するものだった。しかしクランポンやアックスの形状が進化したことと、

ダックウォーク

左右のブーツの爪先が進行方向を向いた状態だと、平地ではよいが、傾斜が出てくると体が窮屈になる。そこで無理のない姿勢を維持するために爪先を外側にやや開く。

❶ 爪先を外側に開き、靴底をフラットに置く。靴底の爪すべてを使って、地面を押すように力を加える

❷ もち上げた足を下ろすときは足踏みをする要領で靴底を地面に踏み込むと、爪が同時に刺さる

爪先を30度ほど開く。アヒルの歩き方に似ているため、ダック（アヒル）ウォークと呼ばれている。

スリーオクロック

フロントポインティングとフラットフッティングを融合させたハイブリッド技術。うまく使いこなせば、ふくらはぎの疲れを抑えることができるという利点もある。

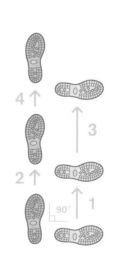

❶ 右足はフラットフッティングで体を支えている。左足を振り子の要領で振り抜いてフロントポイントを刺す

❷ フロントポイントがしっかり突き刺さったら、腰を支える。荷重を移動させ、右足は再びフラットフット

爪先を90度に開く。足跡が、時計の針が3時を指したときに似ているため、この名がついた。

より困難なルートに対応する技術が求められたことでフロントポインティングや、スリーオクロックのように両方を併せて使うハイブリッドな技術も普及した。また氷化した斜面ではステップカッティングも有効な技術として使われている。

ステップカッティング

クランポンが改良される前によく使われていた技術だが、氷化した斜面でのスリップ防止に有効な手法。2振りくらいで済ませたい。

アッズを振って氷や硬い雪を削る。軸足を固定してバランスを保つ

歩幅は小さめがよい。急激な体重移動はせず、歩けるくらいを目安にする

フロントポインティング

フロントポインティングはジャーマンテクニック＊とも呼ばれる。瞬時に足を安定させることができ、スピードもある。ただし、ふくらはぎに負担がかかる。

フロントポイントとセカンダリーポイントを使って安定させる。刺さった爪を動かさず位置を保つ

もち上げた足のフロントポイントを突き刺す高さは、すねの真ん中から膝下くらいまでが目安となる

イラストは靴底で表現しているが、雪面と接しているのは、爪先にあるフロントポイントのみ。

クロスステップ

ダックウォークでも姿勢がきつく感じられる斜度では、体を斜めにねじることで傾斜を逃がして楽な姿勢をつくる。主にダイアゴナルアッセントで用いる足さばき。

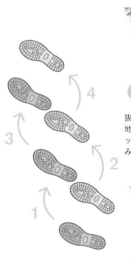

抜重した足は軸足を越え、地面に対して靴底がフラットになる角度で足を踏み込む

クロスさせるとき、傾斜がきつければ歩幅を狭くするなど、軸足が浮き上がらないように注意が必要

進行方向に対して、爪先が斜めに向くことが特徴。名称からもわかるように足が交差（クロス）する。

クランポン
テクニック
（ディッセント）

下りのクランポンテクニックは、完璧に習得しておきたい。クランポンを装着しないと歩けないコンディションの斜面では、一度スリップすると停止するのは困難だ。つまり、滑落した後にどうするかを考えるのではなく、転ばない歩き方を身につけることが最善策になる。

技術としては、登り同様にフラットフッ

フェイシングアウト

体を谷側に向けて下ることをフェイシングアウトと呼ぶ。傾斜が強くなるに従って完璧なフラットフッティングとバランスが要求される。まずはアックスのスパイクをしっかりと刺すことを身につける。ピックを刺して、シャフトを手すりにする熟練者の技術（ピオレランプ、P054）もある。

腰を低く保ち、アックスを使って安定した体勢をつくる

フェイシングイン

最大傾斜線に向かって下るのは難しいと感じたら、斜面側を向いて下る。このポジションをフェイシングインという。この技術が求められる傾斜はダガーポジションとフロントポインティングの組み合わせが有効となることが多い。

アックスを確実に刺して、必ず足元を目視しながら下っていこう

サイドステッピング

フェイシングアウトでは不安を感じるが、フェイシングインになるほどでもない場合や、部分的な段差を下るときは、サイドステッピングを使う。登りの際は足を交差させるが、下りではバランスを崩さないため、交差させずに送り足を使う。

最大傾斜線 足の向き（体の向き）

最大傾斜線に対して体を横に向け、足を送り出すように歩く

トラバース時のクランポンテクニック

トラバースの場合、靴底はフラットを保ちながら山側の足の爪先は進行方向に向け、谷側の爪先はやや開いて低いほうに向ける。この足さばきは、横滑りを防ぐことを目的に考えられたものだ。

谷側の
足の向き

片足をやや開いた靴の位置関係はスリーオクロックに似ている

ティングが基本だが、足を上げたときも靴底が地面に対してフラットに近くなるようにする。上げた足がフラットでないと、クランポン最後列内側の爪をパンツの裾に引っかけやすいし、フロントポイントが下がっていると爪先を硬い雪や木の枝などに引っかけることがある。靴底がフラットな状態を維持できていれば、このようなミスは防げる。

また、一歩をきめてから、次の一歩を出すという確実な足運びを身につけることで、単調な流れに任せた行動を抑制できる。重大事故は、大きな失敗よりも、小さなミスや迂闊な行動がきっかけになって起きる。「ミスをしない歩き方」の重要性を理解しておきたい。

フラットフッティングの応用

サイドステッピングやトラバースのフットワークでは、クランポンのかかとや山側だけのポイント（爪）を使う傾向があるので注意が必要だ。スリップしないためにも、足首を柔軟に使ってフラットフッティングを徹底する。

○ サイドステッピングやトラバースの基本歩行。クランポンのポイントがすべて雪面を捉えるようにブーツのソール面と雪面を合わせる。この足さばきを習得するには訓練が必要だ。

× 初心者がやりがちな過ちは山側のポイントだけを雪面に刺すようなフットワークだ。クランポンの片側しか利かせることができないのでスリップの原因になりやすい。

○ 斜度が強くなるとスリーオクロックやダックウォークなど足先を開いたフットワークを使う。トラバースの場合は谷側のブーツの爪先を下方に向けると歩きやすくなる。

× トラバースなどで足先を開いた場合、谷側の足をかかとから着地するような足さばきはスリップの要因となりやすく危険だ。山側の足もエッジを利かせるような使い方は間違っている。

積雪期の
クライミング技術

雪 山でのクライミング技術の基礎は、無積雪期の登山やクライミングで培われる。そのため、目標となる積雪期ルートを見据えた登山やクライミングを無積雪期に高い質で数多く行ない、体力と技術を身につけることが求められる。積雪期特有の技術は、その基礎の上に成り立つのだ。

積雪期のルート環境は、斜度と表面の質で大まかに分類できる。斜度は40度まで、40〜50度、50度以上に分類され、表面の質は岩、柔らかい雪、締まった雪、氷に分類される。そして積雪期のクライミング技術はこれらのルート環境に加え、登下降やトラバースなどの進行する向きでも変化する。

まず斜度40度までの雪の斜面では、クランポンのポイント（爪）をすべて雪面に刺したフラットフッティングが基本だ。特にサイドステッピングによる登高、下降とトラバースでは山側のポイントだけに頼った歩き方だとスリップする危険性が高くなる。足首を柔軟に使ってフラットフッティングを心がける。この斜度でのフットワークはサイドステッピングに加えて、スリーオクロックやダックウォークも駆使するが、この場合はクランポン内側のポイントがお互いに干渉したり、ポイントがウェアに引っかかったりすることを防ぐため、ブーツのかかとを10cm程度離す。ボディポジシ

ダガーポジション

斜度40〜50度で使うダガーポジションは、ピックを打ち込む高さによって持ち方が変わる。腰の位置であればローダガーポジション、肩の高さならハイダガーポジションとなる。

ハイダガーポジションはアッズの下に親指を回し、残りの指をヘッドの上部に回して持つ。突き刺すだけでなく下方へ力を加えやすいことが特徴

ローダガーポジションはヘッドを上から握り、ピックを雪面に突き刺す。この動きがあたかも短剣（ダガー）のようなのでこの名称がついた

ピオレランプ

フラットフッティングの補助としてアックスを手すりのように使う下降方法。フットワークもアックスの使い方も高度なテクニックが要求されるので充分に訓練した上で運用するべきだ。

確実なフラットフッティングと腰を落としたポジションをキープし、アックスを打ち込む。このときシャフトを持ち上げてピックを利かせる

シャフトを手すりのようにして滑らせながら体を下降させる。アックスは使っているが、フットワークとボディポジションのキープこそが重要だ

ョンとしては軸足でしっかりと腰骨を支え、山側にアックスを持つ。このときケインポジションあるいはステイクポジションで持つのが基本形だ。

　斜度が40〜50度になると、アックスのピックを積極的に使って登高する。腰の位置で雪面に刺す場合はローダガーポジション、肩の高さくらいに刺すときはハイダガーポジションを使う。また両手でアックスのヘッドとシャフトを持ち、両足ともフロントポインティングか、フロントポインティングとフラットフッティングを片足ずつ組み合わせた技術（ピオレアンクル）を使うこともある。

　この斜度の下降では腰を低く構えたボディポジションをとる。フラットフッティングを行ないつつ、アックスを両手で保持してスパイクを雪面に突き刺すピオレラマスは習得しておくべき技術だ。フラットフッティングのフットワークと、ピックを雪面に突き刺してシャフトを握った手を下方に滑らせることを組み合わせた技術もある。これはピオレランプと呼ばれている。

「ピオレ」の意味はアックス

ピオレ、ランプ、ラマスはフランス語。フラットフッティング技術の上に成り立つフレンチテクニックを表わす用語。ピオレはピオレドール（金のアイスアックス）のとおり、アイスアックスを意味する言葉。ラマスは集約するという意味がある。ランプは手すり、アンクルはアンカーという意味だ。

ピオレアンクル

フォールアレスト（滑落停止）のときと同じ持ち方。ピックに力を加えやすい。フットワークはフロントポインティングとフラットフッティングのコンビネーションかフロントポインティングだけを使う。

ヘッドを持つ手は下方に力を入れて、シャフトを持つ手は脇を締めて体に引きつける。両手を使うので確実にホールディングできる

ピオレラマス

斜度40度程度の斜面の下降に使うが、習熟度によって使うかどうかを判断しなくてはならない。不安があればフロントポインティングとダガーポジションを使い、フェイシングインで下降する。

片方の手でピックを進行方向に向けてヘッドを握る。もう一方でシャフトを握る。クランポン技術はフラットフッティングを駆使する

CHAPTER
06

アバランチ対策

積雪期登山には、低温、風、濡れによる凍傷や低体温症、滑落による外傷、雪崩による外傷や死亡といったリスクがある。このようなリスクの要因（ハザード）を評価し、リスクを回避する対策を立て、行動しなければならない。しかし、技術や装備だけでは雪崩との遭遇を回避しきれないことも事実だ。そのため、雪崩遭難への対策は積雪期登山を行なうチームにとって不可欠だ。この対策について、どうすれば埋没者の生存率を上げることができるのかという観点から見ていく。

雪崩埋没者の生存率は、埋没した状態（全身が埋没しているかどうか）、埋没深度、埋没時間によって変わる。全身が埋没している場合は、体の一部が埋没した場合に比べて生存率は下がり、同様に、埋没深度が深い場合は浅い場合に比べて生存率は低くなる。埋没時間と生存率の関係は右下のグラフのスイスの事例を参考にすると、15分弱までに気道確保ができれば90%だが、35分になると30%まで低下する。この間、埋没時間が1分長くなるごとに生存率は約3%ずつ低下していく。

またカナダの調査では、雪崩埋没による死亡原因の約70%は窒息、約30%は外傷、低体温症は極めて少ないという統計がある。こういった統計から、生存率を高めるには、デブリの上に出るようにもがくこと、口や鼻の周りに

空間をつくって酸素を取り込めるようにすること、そして同行者による迅速な雪崩埋没者の捜索と救助が必要なことがわかる。

雪崩に遭遇した人が自力で助かろうと行動することをセルフレスキュー、同行している仲間による救助をコンパニオンレスキューという。コンパニオンレスキューは目や耳で確認した雪崩の状況とアバランチトランシーバーから得られる情報をもとにメンタルマップを脳内に描き、それに基づいて捜索、救助方針を決定する。時間的制約があるため、捜索のフェーズ（段階）を理解した戦略的な行動が求められる。

雪崩のリスクを知る

雪崩埋没による死亡原因の比率、埋没時間と生存率の関係を知ることは、捜索と救助の行動方針を決定するための重要な根拠になる。

埋没者の生存率を下げないために、これらの事実に基づいた戦略が必要だ。

雪崩埋没による死亡原因

雪崩埋没による死亡原因の約70％は窒息、約30％は外傷だ。低体温症が極めて少ないことは興味深い。このことから素早い捜索と救助が重要であることがわかる。

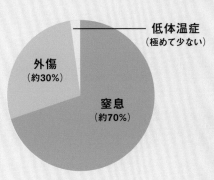

低体温症（極めて少ない）

外傷（約30％）

窒息（約70％）

埋没時間と生存率

埋没時間は埋没深度や埋没状態とも関連する。全身が埋没せずに、浅い深度であれば埋没時間は短くなるだろう。15分から35分の間、毎分約3％ずつ生存率が低下する事実は肝に銘じておきたい。

Pascal Haegeli et al., "Comparison of avalanche survival patterns in Canada and Switzerland",Canadian Medical Association Journal, Vol. 183, No.7, pp. 789-795, 2011.

カナダの事例 ── すべての事例
……… 窒息が関係した事例のみ
スイスの事例 ── すべての事例

生存率（％）

100
90
80
70
60
50
40
30
20
10

0   30   60   90   120   150   180
埋没時間（分）

アバランチギア の基本

ア バランチ対策のためのギアは、アバランチトランシーバー、プローブ、シャベルの3点が一般的だ。これらに加え、アバランチエアバッグやアバラング[*1]を装備することもある。

アバランチトランシーバーは世界に先駆けスイスが1968年に製品化に成功。その後、改良が重ねられてきた。埋没した人が装着しているアバランチトランシーバーから発信されるシグナルを、捜索する人のアバランチトランシーバーで受信する。素早く的

プローブ

雪崩事故による死亡事故の約46％が150cmより浅い埋没であるという統計データから、その深度を表すマーキングを施す。操作部位として90cm足せば240cmになる。最低でも240cmのものが必要。

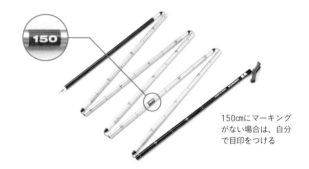

150cmにマーキングがない場合は、自分で目印をつける

組み立て方

❶投げる

まずプローブ上部の固定用のコードが出ている側を持って、先端方向を斜面下方に向かって投げる。

❷後ろに下がって、コードを引く

斜面上方に後ずさりしつつ、ジョイント部分を壊さないように整合させながら、固定用コードを引っ張る。

❸コードを留める

固定用コードを樹脂製クリップでプローブ本体に留める。コードがぶら下がった状態だと切れる場合がある。

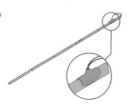

使い方

ガイドハンド

雪面に対して90度

❶90度に刺す

プローブと雪面の角度を90度に保ち、ガイドハンドを刺し込む。プローブの動きをガイドする役割を担う。

❷上方の手で刺し込む

もう一方の手はプローブの上方を握って、雪面を打ち抜くように強い力で素早く動かす。この手順を繰り返す。

勢いよく雪を突く

確な捜索のためにアンテナを3本装備し、複数埋没のときに有効なマーキング機能*2 を備えたモデルがよい。スマートフォンなどのデジタルデバイスによる電磁波干渉を避けるために、行動中は機内モードなど電磁波を発しない状態にしておく。救助現場で救助要請を行なう場合は25m以上離れた場所で通話する。

プローブは先端が埋没者に触れることで位置を特定するギアだ。アバランチトランシーバーと併用した捜索はもちろんだが、埋没者がアバランチトランシーバーを装着していない場合の捜索にも使われる。

*1 動いている雪の中では容積が大きいものが上に来るという原理を利用して、埋没深度を浅くするギアがアバランチエアバッグ。埋没時に雪の中の空気を肺に取り込む目的で作られたのがアバラング。
*2 複数人の埋没の場合、ピンポインティングで特定した埋没者の発信機からのシグナルを遮断して、次の埋没者のシグナルを受信する機能。

シャベル

硬いデブリを切り崩すこともあるため、ブレードは金属製で踏み込みやすい形状がよい。伸縮製シャフトは、立った状態、しゃがんだ状態のどちらでも使える。

グリップ
握りやすく、力を加えやすい形状のグリップを選ぶ。グローブを着用して握りやすさや滑りにくさを確認したい

シャフト
伸縮タイプがよい。立った状態でもしゃがんだ状態でも使いやすい長さを選ぶとよい

ブレード
デブリは非常に硬い場合があるので、これを切り崩すことができる金属製、ブーツで踏み込める形状がよい

アバランチトランシーバー

3アンテナで、マーキング機能を備えたモデルがよい。基本性能は国際規格で定められているが、操作方法は機種固有なので使い方に精通するためのトレーニングが必要だ。

装着方法
アバランチトランシーバーが雪崩の影響で体から外れないように装着する。レイヤリング最外層のシェルレイヤーの内側に専用ハーネスを使って装着するのが基本だ。

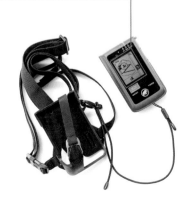

方向と距離、埋没者の人数、マークした人数などが表示される。画面は機種によって異なる

捜索の方法

捜索が進行するに従ってスピードを抑え、精度を高めていく。コースサーチでは画面の数字が小さくなるのを確認しつつ、矢印に従ってフラックスラインを大

雪崩捜索のフェーズ

各フェーズの目的と行動指針に従って動く。スピードと精度はフェーズによって変化するため、このバランスを意識する。複数埋没の

場合、1人目をピンポインティングしたら、マーキングして速やかに次の埋没者の捜索に移行する。

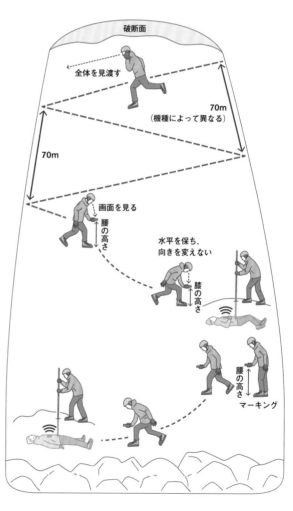

スピード重視	1	シグナルサーチ
	2	コースサーチ
精度重視	3	ファインサーチ
	4	ピンポインティング
	2	コースサーチ
	3	ファインサーチ
	4	ピンポインティング

破断面

全体を見渡す

70m（機種によって異なる）

70m

画面を見る

腰の高さ

水平を保ち、向きを変えない

膝の高さ

腰の高さ

マーキング

膝の高さ

まかにたどる。数値が10を示したら「テン」と叫び、さらにスピードを抑え、発信機とのカップリングを意識する。数値が3.0になったら「スリーゼロ」と叫んでファインサーチに移行する。この間、高度を下げて、速度を落としながら着陸する航空機の動きが理想のイメージだ。これをエアポートアプローチと呼ぶ。初心者は前後方向のみで最小数値を特定し、ピンポインティングに移る。余裕があれば、ファインサーチイン

クロスを行なって精度を高めてからピンポインティングを行なう。

サーチャーは1人が務め、他のメンバーはシャベリングを行なうと効率がよい。シャベリングは断面をU字にカットし、コンベアベルト方式で行なう。縦穴を掘るのではなく、横から掘り出せるように雪を取り除く。シャベリングは救助の鍵となる重要な技術だ。しっかりとトレーニングしておきたい。

フェーズ 1

シグナルサーチ

目的はシグナルをキャッチすること。雪崩範囲を目で確認し、トランシーバーは耳元で3方向にローテーションさせる（初級者は前方のみ）。捜索範囲は機種によって異なる。

耳元で向きを固定

1秒ごとに向きを変える（3Dローテーション）

フェーズ 2

コースサーチ

フラックスライン*1に沿って発信機に近づく。トランシーバーはみぞおちの高さくらいで水平に保つ。スピードを落としながらカップリング*2を意識する。

*1 正式にはelectro magnetic flux line。アバランチトランシーバーのアンテナから発信される電波曲線。これをたどることで、埋没者に近づいていく。
*2 発信機と受信機の角度がシグナル強度の高い直線にそろった状態をいう。発信機と受信機が向き合う位置関係になるとカップリングが成立している。

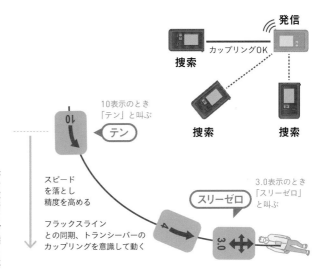

発信

カップリングOK

捜索　捜索　捜索

10表示のとき「テン」と叫ぶ
テン

スピードを落とし精度を高める

フラックスラインとの同期、トランシーバーのカップリングを意識して動く

3.0表示のとき「スリーゼロ」と叫ぶ
スリーゼロ

フェーズ 3

ファインサーチ

画面の数値が3.0（スリーゼロ）を示したらファインサーチに移行。着陸する航空機のイメージで、トランシーバーを膝の高さで水平に保ち、最小値を探す。

・スピードを落として、さらに精度を高める
・トランシーバーの向き、角度、高さを変えない
・画面の数字を読み、最小値を割り出す
・カップリングがうまくいけば、直線上で特定できる

ファインサーチ インクロス

ファインサーチの過程で最初の最小数値の位置を中心に、直交する方向での数値を確認する方法。さらに絞り込みの精度が高くなる。

・トランシーバーの向きと高さは変化させない

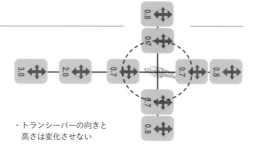

フェーズ 4

ピンポインティング

最小数値の場所から、らせん状にプロービングを開始。開始点には物を置くなどして目印をつけておく。プローブの角度を90度に保ち、25cm間隔で格子状に素早く行なう。

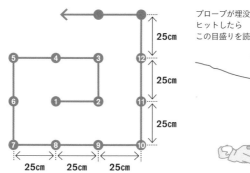

プローブが埋没者にヒットしたらこの目盛りを読む

ピンポインティング ➡ マーキング

プローブヒット○cm!!

腰の高さでマーキング

次のサーチへ

プローブが埋没者にヒットしたら「プローブヒット、○cm（深さ）」と叫ぶ。プローブをその状態で残し、アバランチトランシーバーを腰の位置に保って、マーキングボタンを押す。

マーキングボタンを押す

画面が変わる

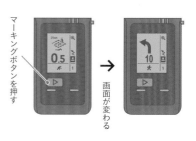

マーキングしたら、次の埋没者との距離と方向を示す画面に変化する。コースサーチ（場合によってはシグナルサーチ）から繰り返す。

シャベリングの方法

サーチャーは1人が務め、他のメンバーはシャベリングを行なうと効率がよい。シャベリングは断面をU字にカットし、コンベアベルト方式で行なう。縦穴を掘るのではなく、横から掘り出せるように雪を取り除く。シャベリングは救助の鍵となる重要な技術だ。しっかりとトレーニングしておきたい。

シャベリングの整列

埋没者にヒットしているプローブを先頭にして、掘り出し作業にかかわるメンバーがシャベルの長さ分（約80cm）間隔をあけて並ぶ。幅は1.5〜2m。

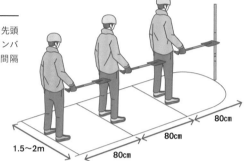

シャベルで掘る雪の量

まず、掘るべき雪の量の目安をつける。その基準は埋没深度だ。プローブを起点として下方向に、平坦な場合は埋没深度の2倍、斜度が大きい場合は1倍の長さを掘り進める。掘った雪が戻ってこないよう、雪をかき出すスロープは26度より浅くする。

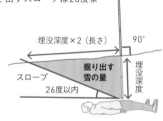

斜度が小さい場合　　**斜度が大きい場合**

スノーコンベアベルト

先頭はU字に切り出す。雪を掃き出すように後方に送り出す。雪を持ち上げたり横に出すと時間のロスにつながる。ポジションは2〜4分くらいで交代する。

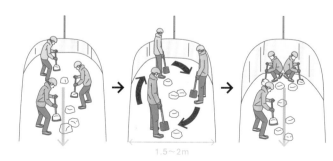

雪はブロック状に切り出して、掃き出すように送る　　2〜4分で時計回りにローテーション　　埋没者の体が見えたら先頭は2人態制に

チーム
マネジメント

登山チームは、標高の影響、寒さや風などが厳しく変化の激しい気象環境、またルートの険しさなどを受け入れ、それらの評価を共有し、対策を講じながら、頂上に立ち無事に下山するという目標をめざして進む。登山活動中の厳しい自然環境と濃密ともいえる人間関係は、隠れていた性格や日常では考えられないプラス面と、場合によってはマイナス面も引き出すことになる。そのため、チームをまとめるリーダーは自然環境の懸念材料だけでなく、メンバー個々の状態や互いの関係にも配慮できるように鋭敏な感覚を備えておくべきだ。

登山活動では複数のリスクが同時に存在し、状況は刻々と進行する。その環境でチームを確実に導き、事故を回避するためには、リーダーは自分自身だけでなく他のメンバーの性格や行動の傾向も把握し、集団力学の知識をもっておきたい。

チームマネジメントは、集団を構成する者同士の依存や、集団であるがゆえの浅慮、意思決定の甘さなどのマイナス要素を知り、リーダーを中心としてタスクを分担し、リスクを回避または軽減する効果的な集団をつくりあげることである。ここでは、チームでのプランニングや意思決定を中心に、チームマネジメントの重要性を説いていく。

チーム登山とは?

リーダーは計画を立て、意思決定してチームを導く責任がある。一方で、メンバーも計画や行動方針を理解し、それに協力する責任がある。チームには目標を達成するための結束力が不可欠である。

計画・意思決定

マネジメントされたチームはタスクやプレッシャーを分担できる

協力・理解

リーダー

責任

メンバー メンバー

責任 責任

リーダーとは?

リーダーの行動規範

リーダーは探究心をもち、ルートや技術と装備について研究し、それらの情報をメンバーに伝える。独りよがりにならず、チームを組み立てる役割を担う。

リーダーの行動規範10原則

1 メンバーの能力（体力、技術）を評価する

2 ルートの状況を研究する

3 ルートに必要な装備と技術を見積もる

4 ルートの状況や装備、技術などすべての情報をメンバーに告知する

5 メンバーの積極的な参加を促す

6 メンバーを安心させる

7 ルートコンディションの変化やメンバーの状態が変化してもそれらに適応（対応）できる

8 すべての決定について必ず説明する

9 セルフレスキューの指揮をとることができる

10 自己評価（自己批判）を欠かさない

リーダーの資質

リーダーの資質は、リスクとなり得る自然要因や人的要因などの懸念事項に敏感で、知識と技術をもち、仲間への配慮と責任感をバランスよく備えていることだ。

周囲に敏感

配慮　　責任感

専門技術　知識

大きくて形の整った五角形になり、どれかが欠けないように成長するのが理想的

出発前

プランニングと
ロールプレイング

登 山中の事故を防ぐための手立てとして、チーム全体で時間をかけて取り組むプランニングとロールプレイング*¹は有効だ。

確認したいのは、登山届の作成とプランニングは同じではないということだ。プランニングとは「ルート全体の困難度（ルートの長さとコンディション、技術的難易度）」「チームの力量（経験、装備、コンディショニング*²、順応力）」「客観的な危険要因（落石、落氷、雪崩、悪天候など）」を把握して、目標とする山およびルートが自分たちの能力に見合っているか、挑戦可能な範囲にあるか、想定されるリスクを回避する能力があるかを見積もる作業だ。

じっくりと時間をかけて行なうために、この作業には落ち着ける場所を選ぼう。見積もり作業を行なわずに山に挑む行為は、

出発前の情報共有

リーダーは、ルートや装備、技術の情報をメンバーに提供し、チーム全体で共有を図る。リーダーは情報を開示して、メンバーからの質問や疑問などを聞き取り、計画段階で気づいた不明な点や不安を解消する。

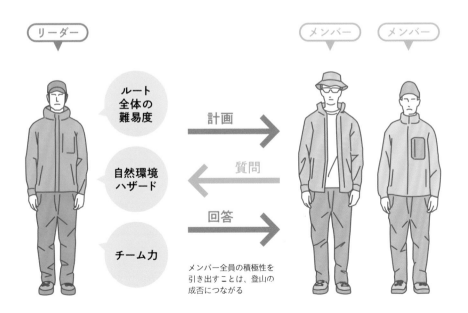

リーダー

ルート全体の難易度

自然環境ハザード

チーム力

計画 →

← 質問

回答 →

メンバー　メンバー

メンバー全員の積極性を引き出すことは、登山の成否につながる

自分の学力を把握せずに大学を受験するようなものだ。無計画な登山や思いつきのルート変更は、行動の進捗状況を評価する基準がないため、重大事故に結びつく可能性が高い。目標を明確にし、考え得るリスクをチーム全員で洗い出し、リーダーが中心となって、プランBまたはCなどの代替案や撤退案も計画段階で準備しておこう。

*1　現実に起きるであろうことを想定し、グループで役割を決めて演じることで、疑似体験しながら対応方法を身につける学習方法。なるべく実際の場面を細かく想像することで対応策も現実味を帯びてくる。役割演技ともいう。

*2　もとは「調整」という意味。スポーツなどの場合は、よい結果を出すために、肉体を酷使するトレーニングにかたよらず、休息と栄養も計画的に取り入れて、身体能力を充分に発揮できるように、心理的にも充実した状態をめざすこと。

プランニング項目と採点

ルートの状態、エスケープの可能性や撤退のしやすさ、ハザード評価、チーム力の見積もりを行なうことは、リスク軽減にもつながる。下の表でプランニング時にチェックすべき項目と、評価の基準（○、△、×）を示した。この評価は、計画とチーム力が見合っているかを判断する目安であり、○が何個以上あれ

ばよい、というものではない。たとえば、チーム力は○が多いがルートや自然環境要因に△が多い場合は、計画を決行しつつも、天候などの変化には充分留意する。また、チーム力に△が多い場合は、ルートの評価、特にエスケープの評価が高くないと万が一のときに進退窮まる可能性がある。

プランニング項目		良好 ○	まあまあ △	悪い ×
ルート	状態	ルート全体を通して良好	核心部が良好	ルート全体を通して悪い
	情報	かなり信頼できる	信頼できる	不確か
	エスケープ	どこからでもエスケープ可能	同ルートの下降や引き返しが容易	エスケープおよび引き返しが困難
	精通	リーダーが過去に数回トレースしている	リーダーが一度だけ登っている	リーダーが未経験なルート
自然環境要因	天候	かなり安定している	悪くはないがやや不安定	悪天候
	暴露	おおむね落石などにさらされていない	数カ所でさらされる	常に落石や雪崩などにさらされている
チーム力	自己信頼	全員が自分自身に確信をもつ	半数が自分自身に確信をもつ	2/3およびリーダーが自分自身に確信をもたない
	コンディショニング	アルパインゾーンへの順応ができている	低山森林帯への順応ができている	トレーニングが不十分
	リーダーのテクニカルスキル	ルート難易度の上限をはるかに超える技術を備える	ルート難易度の上限を少し超えている	ルート難易度の上限と限界が同じレベル
	メンバーのテクニカルスキル	ルート難易度の上限をはるかに超える技術を備える	ルート難易度の上限を少し超えている	ルート難易度の上限と限界が同じレベル

行動中

リーダーによる
意思決定

気象状況もメンバーの状態も突然に変化するわけではない。何事にも前兆があり、事態には進行性がある。早い段階で変化を認識できればリードタイム（猶予時間）が長くなり、対応する時間をつくることができる。リーダーはチームを安全に導くためにすべての懸念事項に気を配り、多くの情報を集約して意思決定を行なう。行動中は「なんとなく」「流れで」といっ

行動中の意思決定

行動中はグループプレッシャーや予定プランへの強いこだわりなどが意思決定を鈍らせる。

注意すべきポイントは以下のとおり。

意思決定のポイント

① 多くの情報を集めて状況を評価する

② グループプレッシャーを排除する

③ 先入観を排除し、偏りのない決定を心がける

④ 高揚感に支配されて行動していないか注意する

⑤ メンバーを信頼し、意思疎通を怠らない

⑥ 決定を説明する

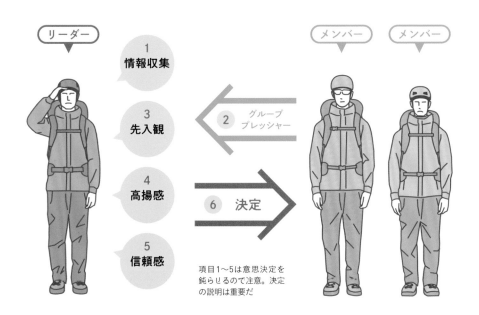

リーダー

1
情報収集

3
先入観

4
高揚感

5
信頼感

メンバー　メンバー

2 グループ
プレッシャー

6　決定

項目1〜5は意思決定を
鈍らせるので注意。決定
の説明は重要だ

た迂闊な動作を起こしやすい。プランニングと同じように、「ルート」「チーム力」「自然危険要因」について現場で評価を繰り返しながら、情勢に応じた意思決定を怠らないようにしたい。

正確な意思決定でリスクを回避するために、集団力学についても知っておきたい。たとえば、人数が多い場合は「根拠のない安心感」が生まれやすいし、実力が拮抗しているチームでは互いへの依存心のために「責任の所在が不明確」になりやすい。また、流れに身を任せる「現状維持へのこだわり」も意思決定の正確さを鈍らせる。

リーダーは客観的な視点をもち、鋭い観察力と冷静な思考で意思決定し、リスク回避に努めてほしい。

リスクマネジメントと採点

リスクマネジメントの概念だけ知っていても役に立たない。現場で具体的な項目を評価し、対策を立てることが重要だ。この作業は意思決定の根拠となり、確信のある言動につながる。下の表は現状把握のチェック項目と、評価の基準を明確にしたものだ。たとえば、ルートの評価はよくても、スピードや結束力など、チーム力が不足していると感じる場合は、リーダーは引き返す決断を下すべきだ。また、天候悪化の兆しがあっても、ルートの評価は高く、チーム力が安定しているようなら、速やかに安全圏をめざして先へ進むだろう。こうして具体的な項目を評価していくことで正しい対策を立てられるのである。

現状把握のチェック項目		良好 ○	まあまあ △	悪い ×
ルート	状態	予測どおり	予測に近い	予測より困難
	ルートでの活動	ロープを使うほどではない	部分的にロープを使う	ずっとロープを使う
	装備	過不足がない	いくつかをシェアしなくてはならない（不足）	装備が足りない
自然危険要因	天候	悪くなる予兆がない	悪化のサインがある	悪天候が差し迫っている
	暴露	雪崩、落石にさらされていない	ルート近くで雪崩、落石の可能性がある	雪崩、落石にさらされている
チーム力	スピード	予測より早い時間で行動している	予測と同じ	予測より遅れている
	テクニカルスキル	充分に足りている	やや不足している	明らかに不足している
	結束力	よい雰囲気で結束している	やや不安要素はあるがおおむね良好	戦略において意見が対立している
	コミュニケーション	全員が目視でき視野に入っている	全員が視野に入る位置にいる	視野から外れたメンバーがいる

下山後

チームの振り返りと成長

登山の経験を次回に活かすためには、下山後のチェック作業が不可欠だ。今の自分の力、チームの力を確認でき、次の目標とプランニングに大いに役立つ。

振り返りの基本は、入山前に立てたプランと実際の山行との違いを検証することだ。その過程で明確にしたいのは、チームの正確な力量だ。自分たちには何ができて何ができないのかという認識をメンバーが共有することで、取り組むべき課題やトレーニングの内容と方法が見えてくる。

登山計画（Plan）、登山活動（Do）、登山の検証（Check）、次の登山の修正（Act）*の4段階をひとつのサイクルとして回すことをPDCAサイクルと呼ぶ。下山後の振り返りで明らかになった課題を、次の登山活動までに解決することがAct（次の登山をよりよくするための取り組み）になる。さらに、Actを次のPlanにつなげることで螺旋状の成長をめざす。即席のチーム、リーダー不在のチーム、無計画な登山、振り返りのない登山チームはリスクに対する警戒心が薄く、成長もないので危うい。

PDCA

Plan 登山計画
「ルート」「チーム」「自然危険要因」を見積もり、ルートとチームがマッチしているか、リスクに対応できるかを評価する

Do 登山活動
登山活動中はチームが置かれている情勢、天候変化の兆しなどに敏感になり、チームの結束力を高めてリスク回避に努める

Act 課題を解決
検証した材料に基づき、取り組むべき課題を浮き彫りにして、次の登山に向けて研究やトレーニングを行なう

Check 振り返り
下山後の検証作業は重要な要素だ。「登っただけ」で終わらせないことが登山チームの成長を促すポイントとなる

チェックの方法

* サイクルの最後にあるActは品質管理の現場では「改善」と訳される。登山の場合はCheck（検証）した内容に基づいて次の登山活動をよい方向に修正するので、「修正」と呼んだほうが実際の行為に近いといえる。

話し合い

大まかな感想を全員に述べてもらう。他の人と同じ感想でも、口にすることで本人も自分の意見を確認できる。リーダーは発言しやすい雰囲気をつくる。

比較・分析

プランと実際の違いを比較し、行動予測の見積もりの精度や装備の不備、技術や体力の不足など改善点を洗い出す。課題を共有し、トレーニングする。

自己分析

リーダーはメンバーからの批判を受け入れ、自己批判も交えながら、自分の言動や意思決定を分析する。リーダーの成長はチームの成長に不可欠な要素。

第2部

クライミング
システム

アルパインクライミングにおけるロープワークやアンカーの構築方法、ビレイ技術などを解説する。正しい知識と確実な技術を得ることは、成功の必須条件である。

CHAPTER 01

クライミングシステムとは

アルパインゾーンでのクライミングはリスクや難度、チームの力量に応じて、ピッチクライミング（P076、086）とサイマルクライミング[*1]（P074）、さらにラペリング[*2]（P116）を使い分ける。登攀能力だけでなく、地形を読んでルートを見つけ出すルートファインディング能力、岩の形状や自然物などを利用して強固なアンカーを構築する能力、全体の流れを予測しながらクライミングシステムを素早く切り替える戦術力など、登山の総合力が試される。アルパインゾーンには天候や浮き石などの不確定要素が多く、クライミングジムや都市近郊の岩場とは異なる世界だ。目標のルートに対して充分な力量を備えてこそ挑戦する資格がある。

ピッチクライミングはアンカーの構築から始まる。このアンカーはリーダー（リードするクライマー）墜落時の衝撃からビレイヤーを守るためのものだ。これがないとリーダーの墜落によって生じる衝撃力にビレイヤーは耐えきれず、チーム全体が墜落に巻き込まれてしまう。リーダーはプロテクションをセットしながらクライミングし、ビレイできる場所でアンカーをつくり、セルフビレイを行なう。その後、リーダーをビレイしていたフォロワーが登ってくるのを上部からビレイする。このようにクライミングシステムのなかでアンカーとアンカーで区切られた区

間をピッチと呼ぶ。このピッチが1回だけの場合をシングルピッチといい、連続する場合をマルチピッチという。

ピッチクライミングに対して、墜落のリスクが低く、チームにとって難度が低く、ピッチを切る時間をかけるよりも行動のスピードを優先したい場合に限って、チームが同時に動く方法を採用する。これをサイマルクライミングという。

アルパインゾーンで運用されるクライミングシステム

ピッチクライミングやサイマルクライミングなど複数のシステムをリスクと力量に合わせて使い分け、スピードを落とさずに登っていくことが重要だ。

シングルピッチクライミング　サイマルクライミング　マルチピッチクライミング　サイマルクライミング　ラペリング　サイマルクライミング

Simul climbing

サイマルクライミングの目的

サイマルクライミングは文字どおりメンバーが同時に（simul）動くシステムだ。同時に行動するため、滑落停止は期待できない。このためスリップや滑落といったリスクの低い箇所で、スピードが優先される場合にのみ採用する。

　同時行動にもかかわらずロープを結び合う理由は、ルート中のピッチクライミングを行なう箇所で素早くシステムを移行し、次にまたサイマルに戻すなど、システムの切り替えを容易にするためだ。

　このように、ピッチクライミングとサイマルクライミングを組み合わせ、変化するルート環境に対して最適なシステムを適用し、確保の確実性、スピード、効率などルート攻略の要素をバランスよく成り立たせる。念押しだが、滑落停止システムが必要な場合はピッチクライミングを行なうべきだ。

サイマルクライミングのロープ準備

ロープを胸部にコイル（チェストコイル）し、コンパクトにまとめる。手にコイルをつくる場合は3〜5巻き。メンバー間のロープの長さは、傾斜にもよるが5〜10m程度だ。

サイマルクライミングのメンバー間の距離

ワイドスペーシング

2人の間のロープを長くとると、滑落に備えて中間支点を設けることができる。欠点は、お互いのコミュニケーションが難しいことなどだ。

クロススペーシング

技術的に易しく、安定した地形で素早く行動するときに使う。滑落停止システムではないこと、エキスパートのみに許される技術であることを肝に銘じておきたい。

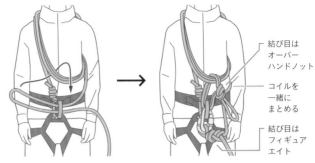

結び目は
オーバー
ハンドノット

コイルを
一緒に
まとめる

結び目は
フィギュア
エイト

チェストコイル

チェストコイルを束ね
てブロックするので、
行動中にコイルが崩れ
にくく、安定性に優れ
る。半面、コイルを外
して長さ調整を素早く
行なうことは難しい。

ロープの末端をハーネスに結ぶ。体の正面か
ら背面に向かって巻いていく。コイルの長さ
は肋骨の最下部あたりが目安。2人の間のロ
ープの長さが7m程度になるまで巻く。

巻き終わったロープをビレイループに通し、
オーバーハンドノットでコイルをブロックす
る。さらにフィギュアエイトオンアバイトを
つくり、ロッキングカラビナ2枚にかける。

ハンドコイル

コイルの大きさは直径
30cm程度、巻き数は3
〜5回が目安。スリッ
プノットは長さ調整を
行なうときに真っ先に
ほどけるよう、コイル
の外側になるようにし
ておく。

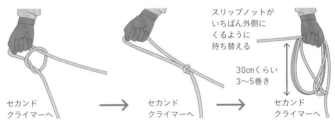

スリップノットが
いちばん外側に
くるように
持ち替える

30cmくらい
3〜5巻き

セカンド
クライマーへ

セカンド
クライマーへ

セカンド
クライマーへ

セカンドクライマーのハーネ
スから1.5〜2m付近でスリ
ップノットをつくる。

スリップノットをしっかりと
締め込む。さらに大きさ30
cm程度のコイルを3〜5つ
くる。

完成したコイルを反対側の手
に持ち替える。するとスリッ
プノットがコイルの外側にく
る。

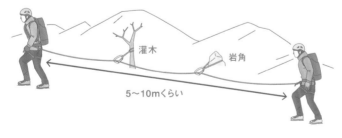

灌木

岩角

5〜10mくらい

ピッチを切るほどで
はない難度、斜度で
使う。状況に応じて
ピッチクライミング
に切り替えることを
想定して行動する。

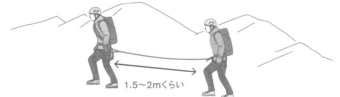

1.5〜2mくらい

ハンドコイルをうま
く使うことで2人の
間を調整できる。1
人の滑落がチーム全
体の滑落につながる
リスクがある。慎重
に使うべき技術だ。

ピッチクライミング の基本

ロープは墜落停止システムを支える最も重要な装備のひとつだ。クライミングの防御力を高める意味において正しいロープワークを身につけておくことはとても重要だ。まずハーネスとロープを結着させるロープワークであるフィギュアエイトフォロースルーを確実に行なえるようにしよう。この結び方で注意したいポイントは、結び始めたら最後まで手を止めないこと、結び目をきつく締め込むこと、緩まな

いようにダブルフィッシャーマンズノットでバックアップしておくことだ。

次にビレイヤーとアンカーをつなぐクローブヒッチだ。この結び目は、素早く行なえる、長さの調節がしやすいといった利点がある。ただし、大きな力が結び目に加わるとほどけにくくなることも覚えておきたい。

クライミングをスタートするときには、ハーネスが正しく装着されているか、ハーネスとロープが正しく結着されているか、強固なアンカーを構築し、ビレイの準備ができているかなどの項目をリーダーとビレイヤーで相互確認（パートナーチェック）し、ビレイデバイスの動作確認も行なう。このひと手間で、うっかりした、しかし致命的なミスを防ぐことができる。

アンカーとプロテクション

ビレイヤーを守る、あるいはラペリングの支点となるものをアンカーという。これに対し

て、ピッチの途中で設置する墜落停止の仕掛けをプロテクションと呼んでいる。

プロテクション

強固なアンカーを構築するところからシステムは始まる

アンカー

ピッチの終わりにアンカーをつくり、フォロワーをビレイする

アンカー

プロテクション

パートナーチェックの項目

クライミングシステムは登り始めてからは修正できない。登る直前にパートナーチェックをすることで致命的な結果につながるミスを防ぐ。

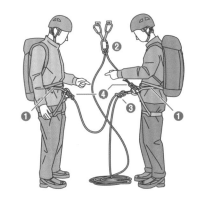

①ハーネス
・腰骨より高い位置
・腰骨周囲よりも小さく締められている

②アンカー
・ビレイヤーがロープでセルフビレイをセット

③ビレイデバイス
・ロープが正しく通っている
・カラビナのロック

④ノット
・ハーネスのタイインポイントを通っている
・結び目が整っていて、きつく締められている

クライミングスタート時のロープワーク

どんなロープワークもはじめに正しい形と手順を覚え、繰り返し練習し、素早く正確につくれるまで熟練度を高める。

クローブヒッチ

アンカーとビレイヤーをつなぐときなどに使う。アルパインゾーンで使うなら片手でできるようにしておきたい。

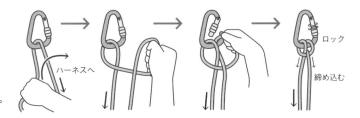

ハーネスへ

ロック

締め込む

フィギュアエイトフォロースルー

ハーネスとロープを結結させる、重要で基本的なロープワーク。正しい手順を身につけたい。

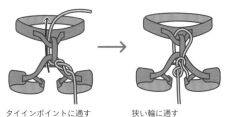

タインポイントに通す

狭い輪に通す

結び目が重なるように

きつく締める

ダブルフィッシャーマンズノットでバックアップ

バリエーションルートとギア

登山道と違い、バリエーションルートには整備された道がない。また岩峰や傾斜のきつい岩場なども出てくる。登山者は、このような複雑な地形からルートを探さなければならない。また、岩場を登る際のロープによる墜落停止システムの構築や、切り立った岩を下るためのラペリングなど、歩行技術以外のクライミング技術が必要で、それらの技術を支えるためには特別な装備が不可欠だ。ここでは剱岳源次郎尾根を想定して、バリエーションルートに必要なクライミングギアを紹介する。

まず墜落停止システムとラペリングの要となるダイナミックロープ[*1]だ。ダイナミックロープはUIAA[*2]によって、シングルロープ、ハーフロープ、ツインロープの3つのカテゴリーに分類される。ルート中のクライミングパートのピッチ数が1〜2ピッチと少ないとき、あるいはピッチの長さが15m程度と短いときなどはシングルロープでもよい。ピッチ数が3ピッチを超える場合や25mを超えるラペリングがある場合は、ハーフロープを2本用意するのが一般的だ。ちなみにツインロープは、長いピッチとラペリングはあるがルートがあまり屈曲していないときに適している。いずれにしても状況に合わせて使い分ける。

ロープと体をつなぐギアがハーネスだ。バリエーションルートで使うのは、

トラッドクライミング*3やロングルートを想定して作られたモデルがよい。このようなモデルはパッドが厚く生地が丈夫なので、長時間の行動や岩との擦れなどに対する耐久性が高い。

落石や転倒による衝撃から頭部を守るヘルメットも不可欠だ。近年は発泡ポリスチレンや発泡ポリプロピレンが主な素材のインモールドタイプが充実してきている。バリエーションルートでは転倒と落石、両方に対する備えが必要なので、頭頂部から額にかけて補強されているタイプがよいだろう。

ビレイデバイスとHMSカラビナ*4、ビレイグローブ、ナイフは各自がハーネスに携行する。クイックドロー、アルパインクイックドローなどはルートによって用意する数量が異なる。詳細はP080で写真とともに紹介するので参照してほしい。

*1 UIAA101（EN892）に定められた安全基準を満たしたもので墜落停止システムやラペリングに使用する。墜落テストによって、シングル、ハーフ、ツインの3つのカテゴリーに分類されている。
*2 1932年に設立された、クライミングと登山の安全性を追求する組織。クライミングギアのセイフティスタンダードを決めている。
*3 自然物やカムデバイスなどをプロテクションにして墜落停止システムを構築するクライミングスタイル。これに対してボルトをプロテクションとするスタイルをスポーツクライミングと呼ぶ。
*4 「Halbmastwurf-Sicherung」というドイツ語の頭文字が名称の由来。UIAAの分類はTypeHで、主な用途はビレイ用として位置づけられている。

ルートの考察と装備の準備

バリエーションルートのギアを見積もるためには、まずルートの大まかな概念を捉えることから始める。次に特徴的なパートごとに区切り、そのパートに必要な技術とギアをピッチの長さ、ピッチ数、ラペリングの長さなどに基づいて予測する。

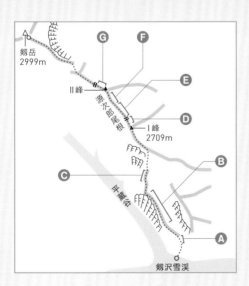

剱岳 2999m

Ⅱ峰

源次郎尾根

Ⅰ峰 2709m

平蔵谷

剱沢雪渓

Ⓐ 尾根末端の岩場。濡れていることが多い
Ⓑ 数回ピッチを切る。尾根屈曲部にテラス
Ⓒ 岩稜〜斜面、凹角のクライミングと続く
Ⓓ Ⅰ峰の下り。困難度は低いが慎重に
Ⓔ 岩とハイマツのコンタクトラインを攀じる
Ⓕ 狭い岩稜の通過〜稜線の下り
Ⓖ 約30mのラペリング

バリエーションルートの装備例

❶ アルパインパック

ポケットやメッシュパーツを省いた強い生地の本体。ハーネスとの干渉を避けるため、ヒップベルトが取り外し可能なモデルがよい。

❷ ヘルメット

落石と転倒時の頭部保護を考慮し、全方位に衝撃吸収材、頭頂部に補強パーツが配置されたモデルで、頭の形状にフィットするものを選ぼう。

❸ ハーネス

スポーツクライミング用のモデルはメッシュ部分が多く、生地が薄く軽量だが、バリエーションルートには丈夫なハーネスを選びたい。

❹ テクニカルマウンテンブーツ

ソール先端部にフリクション性能を高めたクライミングゾーンが配置され、ややターンインして爪先に力が集中するブーツがよい。

❺ ヘッドランプ

テントや小屋で使うものと行動中に使うもの2つを用意しておくとバックアップにもなる。行動用は300ルーメン程度の明るさが欲しい。

❻ アルパインクイックドロー（60㎝）

スリングとカラビナをセットにしコンパクトにまとめたもの。片手で伸ばすことができる。支点の延長などに使う。数量はルートによって変わる。

❼ アルパインクイックドロー（120㎝）

ビレイステーションでのアンカー構築にはこの長さが便利。3つに折って、ねじってまとめておけば、ハーネスのギアループに携行しやすい。

❽ クイックドロー

クライミングのとき、ピトンなどのプロテクションにかけて、ロープを通す。事前にルートの状況を調べ、必要となる数量を用意する。

❾ ロッキングクイックドロー

片側にオフセットD、反対にHMSを配置したロッキングカラビナのクイックドロー。ビレイステーションの構築やラベリング時にも使える。

こで紹介した以外にも、ルートの状況によって必要となるギアがある。岩場で使うカムデバイスなどのプロテクションや、雪渓が残っているエリアであればクランポンとアックスは必携だ。

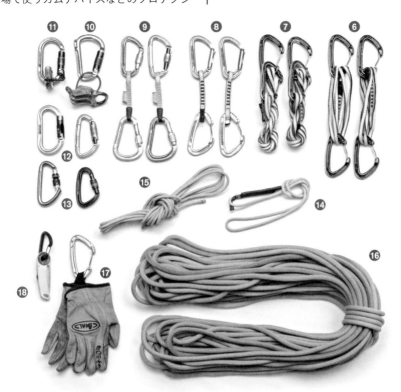

⑩ ビレイデバイスとロッキングカラビナ

バリエーションルートでは、フォロワーをビレイするガイドモードが備わったタイプが便利だ。組み合わせるカラビナは取扱説明書で確認する。

⑪ ロープクランプとロッキングカラビナ

セルフレスキューを行なうことになった場合に使う。軽量コンパクトなタイプがよい。組み合わせるカラビナは取扱説明書で確認する。

⑫ ロッキングカラビナ（ツイストロック）

ツイストロックは2つの動作でゲートの開閉・ロックが可能となる。体に近い箇所で素早い操作が求められるときに有効だ。

⑬ ロッキングカラビナ（スクリューロック）

ネジ式スリーブでロックする。ヒッチと組み合わせる場合はスクリューロックが使いやすい。ロープの振動で緩む可能性があるので注意する。

⑭ フリクションヒッチコード

ラベリングのバックアップやセルフレスキューなどに使う。直径5.5mmのケブラーコードは強度も高く、軽量。ソウンスリングは信頼性も高い。

⑮ コードレット

5mのケブラーコードを輪にしたもの。立ち木を支点にしたり3点のアンカーポイントを利用したビレイステーションの構築のときなどに役立つ。

⑯ ロープ

25mを超えるピッチや3ピッチ以上の登攀があるならハーフロープを2本、それ以外ならシングルロープをピッチの長さに合わせて選ぶ。

⑰ ビレイグローブ

皮革製で指をすべて覆うタイプ。クライミングギアメーカーのものはロープとの摩擦を考慮し、擦れる部分が補強されているものが多い。

⑱ ナイフ

カラビナホールがついているものが便利。アンカー構築や補強のためにスリングを適当な長さに切ることもあるので必ず携行する。

Climbing gear

ギアの携行方法

バリエーションルートでは、ギアをどのように携行するかということも戦略のひとつになる。使いたいタイミングですぐに使え、使わないときは邪魔にならないように携行・収納するには、経験を重ねながら自分なりの工夫をこらすことが必要だ。もうひとつ大切なのは、必要かつ最小限のギアだけを持っていくという考え方

ギアループの使用例

トラッドクライミング用ハーネスであればギアをラッキングするループは4つある。この4カ所の役割を決めて使い分けるとギアを整理でき、不安定な場面でも慌てることなく効率よくギアを選べるようになる。

左側前
使用頻度
高〜中

右側前
使用頻度
高

左側後ろ
使用頻度
低

右側後ろ
使用頻度
中

左側前

❶❷アルパインクイックドロー、特に120cmスリングをまとめたものなど使用頻度がやや低いギアを主にラックする。右側前に収納されなかったギアをここにラックし、徐々に移す。

左側後ろ

❺コードレットや、❹ロッキングカラビナなどビレイステーション構築のためのギアや、❸ロープクランプなどのセルフレスキューで使用するギアなど、使用頻度の低いものを集めておく。

右側後ろ

クライミング中の使用頻度は低く、ビレイステーションで使うものをここにラック。❼ビレイデバイス、HMSカラビナ、❽ロッキングクイックドロー、❻フリクションヒッチコードなど。

右側前

クライミング中に最もよく使うもの、❿アルパインクイックドローや❾クイックドロー、少量であればカムデバイスもここに。行動しながら左側前のループからこちらに移すことも。

だ。ギアが数多くあれば安心するかもしれないが、その分重くなり、スピードある行動に支障が出るだろう。

ギアの数を抑えるためには、ひとつのギアを使いこなしてその性能を引き出せるように、使い方の習熟度を高めておかなくてはいけない。習熟度が高まると、そのギアをいつ、どこにラックしておくべきかを明確に認識できるようになる。

外見上のポイントはすっきりしていることだ。パック外側につけるのはアイスツール程度とする。ハーネスのギアループへのラッキングも最小限にする。見た目が雑然としていれば現場での効率は悪くなり、行動のスピードも落ちる。整理された携行方法は、ギアの紛失などを防ぐ効果もある。

行動中のウェア・装備着用例

機能的にまとめられたウェアと装備は見た目の印象がすっきりしている。特にハーネスのギア整理とパックの外観でその差は顕著になる。チームのメンバーがお互いをチェックすることで、チームのギア管理能力は向上する。

ヘルメット

インモールドタイプで頭頂部が補強されたモデルがよいだろう。頭の形状に合ったものを選ぼう。

パック

アルパインパックはポケットやメッシュパーツがなく見た目がシンプルだ。クライミング時のバランスも考慮されている。

アックスとクランポン

雪渓があるルートには不可欠。アックスはしっかり固定し、クランポンは前面のポケットなど、取り出しやすいところに収納する。

アクティブシェルジャケット

早朝から行動するバリエーションルートでは温度変化も激しい。それに対応できるような防風性、透湿性を備えたジャケットが欲しい。

時計

パックに取り付けると手元がすっきりする。気温や標高、ルートなどがわかる高機能時計が便利だ。

ハーネス

登攀直前ではなく行動開始時など安全な場所で装着する。ウエストや太もものパッドがしっかりしていてギアループが4つあるものを。

パックの中

使う順序を想定してパッキングする。たとえばロープをすぐに使うのであればパック上部あるいは片側にまとめておき、他のギアと絡まないようにしておくなどの工夫が大切だ。

行動中のウェア

剱岳のバリエーションルートの場合、早朝は雪渓、日中は直射日光を受ける岩稜帯と、行動中の気温差が大きい。体温調整がしやすく動きやすいクロージング・システムを組みたい。

アルパインクイックドローのつくり方

クライミングで使うスリングは60cmの倍数が一般的だ。なかでも60cmと120cmは使う場面が多い。ハーネスのギアループにラッキングしやすいようにカラビナとセットにして、スリングを折り返して携行する。

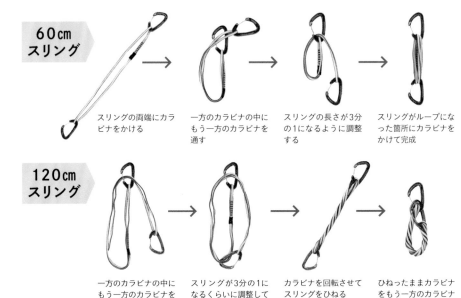

60cm スリング

スリングの両端にカラビナをかける

一方のカラビナの中にもう一方のカラビナを通す

スリングの長さが3分の1になるように調整する

スリングがループになった箇所にカラビナをかけて完成

120cm スリング

一方のカラビナの中にもう一方のカラビナを通す

スリングが3分の1になるくらいに調整してループにカラビナをかける

カラビナを回転させてスリングをひねる

ひねったままカラビナをもう一方のカラビナにかけて完成

パックの外側はすっきりと

バックパックの外側にはさまざまな登山用具を取り付けるパーツがある。側面や正面にあるトレッキングポールホルダーやアイスツールアタッチメントが代表例。使用頻度が低いマットレスやテントポールを外づけする人は多いが、引っかけや紛失防止のためにもバックパック内に収納しよう。正面や側面のメッシュポケットを使う場合は、ポケットに完全に収納できるものだけを入れるのが原則だ。

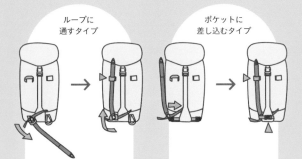

ループに通すタイプ

ポケットに差し込むタイプ

アイスツールをパックに装着する方法はさまざまだ。代表的なものはループに通すタイプとポケットに差し込むタイプだ。どちらもピックを本体内側に向くようにする。間違ってループに通している人が多いのでイラストを参照のこと

登山道とバリエーションルート

　地形図や登山地図に道として表記されたルートは一般登山道と呼ぶことが多い。これに対して、登山地図などに道として表記されていないルートを「バリエーションルート」と呼ぶ。登山道はところどころに道標があって、伐採などの整備が行なわれているが、バリエーションルートには明瞭な目印はない。

　登山道は、おおむね地形の変化が少ないところ、つまり雪渓や岩稜があっても登山期間中はほぼ安定した場所を選んでつけられている。これに対してバリエーションル

バリエーションルートには道らしいものがないことが多い。地形を見極めて弱点を見つけ、それを線につなげる作業が不可欠である

登山道は遠目にもわかる場合が多い。長年多くの人に利用されていることと、変化しにくい場所を選んで道がつけられていることがその理由だ

ートはザレやガラ場、岩稜、雪渓など、短期間で状況が変化する可能性のある地形で構成される。道を定めることができない環境にあるのがバリエーションルートなのだ。

　このように、バリエーションルートは地形図に明記されておらず、明瞭な道もないので、実際の地形を見極めてルートを見つけ出すこと、つまりルートファインディングが行動の第一ステップとなる。

　ところが、登山はどんなに周到に準備してもプランニングしたとおりに進まないことがある。また、どんなに注意深く観察しながら行動しても、ルートを外すこともある。しかし、仮にルートを外したとしてもOODAループを回していれば、早い段階で間違いに気づくだろう。

　ここでひとつ念を押しておきたいことがある。それはルートを間違うこととさまようことは根本的に意味が違うということだ。よく言われるが、道迷いは地図が読めないから起きるわけではない。無計画だから道に迷うのだ。計画があれば進捗状況や計画との違いがわかり挽回も可能だが、計画がなければ間違いに気づくことさえない。

間違いに気づいたら、または間違っているかもと思ったら、まず立ち止まろう。先に解説した「STOP」の「O」は観察だが、GNSSによる確認もここに含まれる。不安を抱えたまま惰性で進んではいけない

ピッチクライミング

ピッチクライミングを行なうのは、技術的難度が高く墜落の可能性がある、あるいは難度にかかわらず墜落すれば致命的なケガをする可能性がある場面だ。地形的には、傾斜がきつく高低差が大きい場所といえよう。このような状況ではメンバー全員が同時には行動せず、ロープを使い、アンカーを構築してピッチを切る。具体的にはルートを延ばすリードクライマーと、クライマーの墜落を止めるビレイヤーに分かれ、それぞれが「登る」「守る」という異なる役割をこなしてリスクに対処する。ピッチの始まりには強固なアンカーを構築してチーム全体の防御ラインとして機能させ、ピッチの終わりにも同様のアンカーをつくる。

このようにピッチを切る場合は、1人が登っている間、もう1人は移動せずに完全にバックアップに徹する。つまり行動は同時ではなく隔時となる。

離れた場所で、それぞれが勝手な行動をとってしまうと、役割分担してリスクを回避するという本来の目的が果たせない。だから、チームとして今どのフェーズ（段階）にいて、そのフェーズでは誰が何を行なっているかを把握したい。また、コールやロープマネジメントといった要素も疎かにせずにチームで確認しておこう。

ピッチクライミングを構成するフェーズとリードクライマー（リーダー）、

ビレイヤー（フォロワー）の行動を次のページで表に整理した。全体的な流れはこれを参考にしてもらいたい。さらに詳細な行動や技術については、A〜Dの項目に分け、イラストつきで解説している。

ビレイは、ピッチクライミングのなかでも重要な技術だ。リードクライマーのビレイとフォロワーのビレイ、それぞれ使う器具とロープの通し方、基本的なロープ操作を説明している。

リードクライマーのビレイは、ビレイデバイスをカラビナでハーネスのビレイループにかけて操作する。これに対してフォロワーのビレイは、ビレイデバイス本体上部にあるカラビナホールにロッキングカラビナをかけて、アンカーのマスターポイントにかける。この違いは重要なので間違わないように解説イラストでしっかり確認してほしい。

ピッチが連続する場合、時間を浪費するのはビレイステーションでの入れ替わり作業だ。この作業を簡潔かつ明瞭にすることで安全性が向上し、ミスも減らせる。その結果、時間短縮につながる。

また、登り始めにハーネス、ビレイデバイス、アンカー、結び目をパートナーチェックしたように、ピッチの節目ではパートナーチェックを必ず行ない、トラブル防止を心がけよう。

龍王岳の東尾根の登攀。ピッチグレードはⅡ〜Ⅲ程度。ラインは岩綾に沿って、幾通りかある

Pitch climbing

ピッチクライミングのフェーズ（段階）と行動

スピードを維持し、安全性を高めるためには、現在どのフェーズで何をしているのかをリーダーとフォロワーで共有することが重要だ。フェーズごとにリーダーとフォロワーの役割を示した。表の中の **A**～**D** はP090以降で詳細に解説する。

フェーズ（段階）		**1** リーダーのクライミングの準備	**2** クライミング（リーダー）	**3** フォロワーのクライミングの準備
行動	リーダー	・アンカーを構築する。 ・ハーネスにロープを結ぶ。 ・ギアを準備し、ルートを観察する。 ・パートナーチェック（ハーネス、アンカー、デバイス、結び目）を行なう。 「登ります」	・ビレイステーションが構築できそうな場所をめざして登る。 ・到着後、アンカーを構築し、評価する。 ・マスターポイントにビレイデバイスをセット。 ・続いてセルフビレイ。 「ビレイ解除（オフビレイ）」 クライミング時の注意点 ・ルートと、プロテクションをセットする箇所を見極める。	・ロープを巻き上げる（**B**）。 ・「いっぱいです」の合図を確認したら、マスターポイントのビレイデバイスにロープを通す（**C**）。 「どうぞ（オンビレイ）」
	フォロワー	・アンカーを構築する。 ・ハーネスにロープを結ぶ。 ・セルフビレイをセットする。 ・パートナーチェック（ハーネス、アンカー、デバイス、結び目）を行なう。 「どうぞ（オンビレイ）」	・リーダーをビレイする（**A**）。 ・「ビレイ解除（オフビレイ）」の合図を確認したら、ビレイデバイスからロープを外し、「ビレイ解除（オフビレイ）」 ビレイ時の注意点 ・クライマーの動きに合わせて、ロープを送り出す。 ・いつでも止められるように、墜落に備える。	・ロープがすべて上がったら、「いっぱいです」 ・「どうぞ（オンビレイ）」の合図を確認したら、アンカーを構築しているギアを回収し、「登ります」

フォロワー　　リーダー

コールは、フェーズを伝えること、注意喚起、ビレイヤーに対する要求が主な目的だ。なるべく簡潔に合図する。アルパインゾーンでは声が通りにくいこともある。ホイッスル、ロープの動きによる合図などを事前に決めておく。

ロープを張ってほしいとき➡クライマー「張って」「テンション」
　　　　　　　　　　　　　ビレイヤー「はい」
ロワリングしてほしいとき➡クライマー「下ろして」
　　　　　　　　　　　　　ビレイヤー「はい」「下ろします」
ロープを緩めてほしいとき➡クライマー「緩めて」「出して」
ラベリングの際のコール➡リーダー「どうぞ」
　　　　　　　　　　　　フォロワー「下ります」
石やギアなどを落としたとき➡「らーく!」
ロープを取付に投げるとき➡「ロープ!」

4 クライミング（フォロワー）	**5** ピッチの終了	**6** クライマーが交替しピッチを継続する場合 「**クライミング（フォロワー）**」のあとに続く
・フォロワーをビレイする。 ・到着したフォロワーがセルフビレイを行なったのを確認したら、ビレイデバイスからロープを外し、「ビレイ解除（オフビレイ）」 ビレイ時の注意点 ・ロープを緩ませない。 ・ロープの動きによる落石に注意する。	・安全を確認したのちにセルフビレイを外して、ギアを整理する。ロープを整理して次の行動に移る。	・フォロワーが到着したら、クリップするカラビナを指示する。クリップ～クローブヒッチの連続動作を目視で確認する。 ・「ビレイ解除（オフビレイ）」の合図を確認したら、ビレイデバイスをマスターポイントからハーネスのビレイループに移す（**D**）。 ・ギアの移動が完了したら、「どうぞ（オンビレイ）」
・ビレイステーションをめざし登る。到着後、セルフビレイを行ない、「ビレイ解除（オフビレイ）」 クライミング時の注意点 ・プロテクションを回収する。	・安全を確認したのちにセルフビレイを外して、ギアを整理する。アンカーを回収し、ロープを短くして次の行動に移る。	・指示されたカラビナにクリップし、そのままクローブヒッチを行なう。「ビレイ解除（オフビレイ）」 ・アンカーからハーネスへのビレイデバイス移動を確認し、ギアを受け取ったらクローブヒッチのループをひとつ外して（**D**）、「登ります」

Ⓐ リードクライマーのビレイ

ビレイデバイスにロープを正しくセットし確実に操作できることは、リードクライマーを守る絶対条件。ビレイヤーはクライマーの動きに集中し、常に墜落に備えながらビレイを行なう。

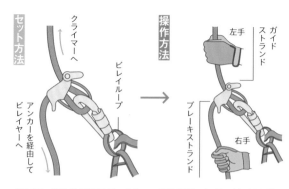

セット方法

クライマーへ / ビレイループ / アンカーを経由してビレイヤーへ

クライマー側のガイドストランドがデバイスの上に、ブレーキストランド[*1]が下になる。カラビナとビレイデバイスの適合性に注意。

操作方法

左手 / ガイドストランド / 右手 / ブレーキストランド

❶送り出し（スラック）、取り込み（テイクイン）のどちらにも対応できる位置に手を配置する。ブレーキストランドから手を離さない。

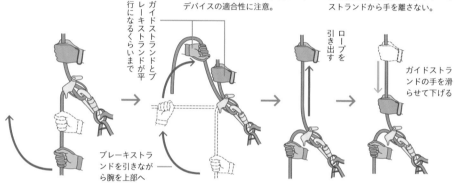

ガイドストランドとブレーキストランドが平行になるくらいまで

ブレーキストランドを引きながら腕を上部へ

ロープを引き出す

ガイドストランドの手を滑らせて下げる

❷ブレーキストランドの手を腕が軽く伸びるくらいまで真下に下ろす。ロープを握ってデバイスの前方に向かって腕を動かす。

❸さらにガイドストランドと平行になるまで回転させる要領で動かす。このときロープが同一平面上[*2]で動くことを意識する。

❹ガイドストランドとブレーキストランドがそろったら、ガイドストランドをクライマーの動きに合わせて素早く送り出す。

❺ブレーキハンドがビレイデバイスに当たったら、ロープをデバイスの下に折り返し、ガイドストランドの手を滑らせ❶の位置に戻す。

*1 ストランドは元来「撚り」という意味だが、同じロープの中で役割が違う場合にその箇所を指してストランドと呼ぶ。ブレーキストランド（ブレーキをかける）、ロードストランド（荷重がかかる）など。
*2 ビレイのロープワークにおける同一平面上の動きとは、1枚の平らな紙をイメージして、その紙の上から離れないようにロープを操作することを指す。操作しやすく、ブレーキもかけやすい。

Ⓑ ロープマネジメント

アルパインゾーンでのクライミングではビレイ中のロープマネジメントはトラブル防止と時間短縮に重要な要素となる。振り分ける長さを3段階くらいに変化させると絡みにくい。

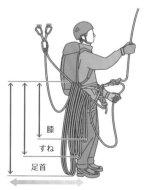

膝 / すね / 足首

ビレイヤー　クライマー

フォロワーのビレイ

フォロワーのビレイは、ビレイデバイスのガイドモード（オートブロッキングモード[3]）で行なうのが一般的だ。ほかにも選択肢はいくつかあるが、ここではムンターヒッチを紹介する。

*3 フォロワーのビレイはロープをデバイスやカラビナに取り込んでいく。フォロワーの墜落時にロープが反対方向に戻らないような仕組みのことをオートブロッキングモードあるいはオートロックと呼ぶ。

*4 カラビナの開閉部をゲートといい、その対になる本体の長い軸をスパイン（脊柱）という。衝撃力がスパイン方向にかかるように使うことで、カラビナは最大強度を発揮できる。

ビレイデバイスのガイドモード

ビレイデバイスのカラビナホールをアンカーに直結して使う方法。フォロワーの墜落時にロープをロックしやすいのが特徴だ。

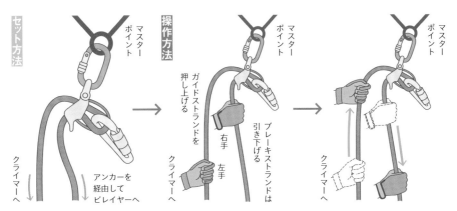

リードクライマーのビレイ同様、クライマー側のストランドがスロットの上になるようにロープを通す。間違うとロックせず危険だ。

左手でガイドストランドをデバイスに向かって押し上げ、緩んだブレーキストランドを右手でデバイスから送り出す。

両手が連動して動くこと、ロープの動きがスムーズに対向すること、さらにストランドが同一平面上にあることが操作のポイントだ。

ムンターヒッチ（ビレイイング）

ムンターヒッチは同じかけ方でビレイとロワリング（P092）に使えるのが特徴だ。必ずタイプH（HMS）のカラビナを使う。

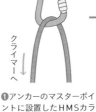

❶アンカーのマスターポイントに設置したHMSカラビナのスパイン[4]側に、クライマー側のストランドをかける。

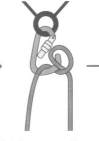

❷片手でクライマー側のストランドを押さえながら、一方の手で図のようにループをつくり、カラビナにかける。

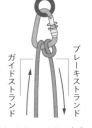

❸ゲートをロックして完成。操作はガイドストランドとブレーキストランドの動きを連動させる。

ムンターヒッチ（ロワリング）

ムンターヒッチはビレイとロワーで結び目が反転する。

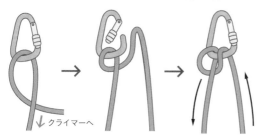

↓ クライマーへ

ロッキング ムンターヒッチ

ムンターヒッチでフォロワーの墜落時にロープをロックできるオプション。ロープを送り出ししにくくなる点は忘れないように。

ムンターヒッチの結び目を反転させないようにループとクライマー側ストランドにロッキングカラビナをかける。

ピッチを継続 するときの手順

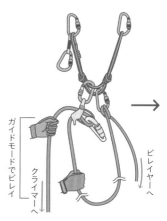

ガイドモードでビレイ

クライマーへ

ビレイヤーへ

❶クライマー（フォロワー）が速やかに通過できるようロッキングクイックドローやクアッドを利用すると明快な構造になる。

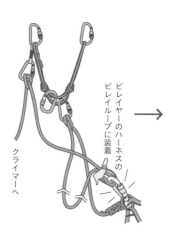

ビレイヤーのハーネスのビレイループに装着

クライマーへ

❺ビレイデバイスのロープはそのままにして、ハーネスのビレイループまで移動させる。ロープがねじれないように注意する。

岩場の弱点を見つける練習をしよう

岩場でのトレーニング

岩場での行動を支えるのは、アクロバティックな動作ではない。「岩場の弱点」を見つける眼力を養ったり、緩傾斜で手を使わずにクライミングしたりして、安定したポジションをつくる地味な訓練こそが役に立つ。

つかみやすそうなホールドを探す

歩きにくそうな場所を見定める

ステップやホールドをつないで線にする

足の置き場を探し進む方向を見定める

特に目で登る作業を訓練したい。登りやすい「岩場の弱点」はどこか、どの方向に進んでいけば無理なく登れるかを考え、実践することが大事だ。

ピッチを継続するときのビレイステーションでの作業をシンプルにすると、ミスやトラブルを軽減でき、時間短縮にもつながる。フェーズとフェーズが途切れないように連続性を意識し、次の行動のために備えよう。

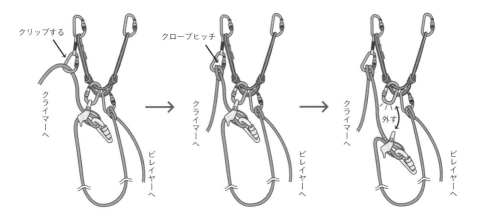

❷クライマーはビレイステーションに着いたら、まずロッキングクイックドローのカラビナにクリップする。

❸クリップした動きからクローブヒッチへと連続動作で行なう。ロープをきつく締めて、「ビレイ解除（オフビレイ）」を合図。

❹「ビレイ解除（オフビレイ）」の合図の後、ビレイヤーはクローブヒッチを目視確認し、マスターポイントのカラビナからビレイデバイスを外す。

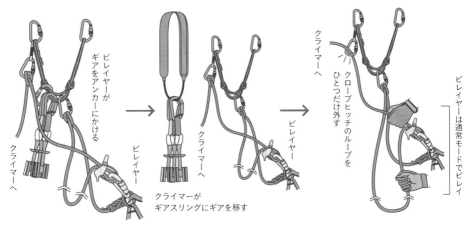

❻ビレイヤーがギアをアンカーにかける。手渡しするのではなく、ひとつの作業を一人が完結することで責任範囲を明確にする。

❼次のピッチをリードするクライマーがアンカーからギアをとり、自分のギアスリングにラックする。この手順で受け渡し中のギア落下を予防する。

❽ギアの受け渡しが完了し、ビレイヤーがオンビレイであることを確認したら、クローブヒッチのループをひとつ外して登り始める。

アンカーの構築と総合的な評価

アンカーの役割は、クライマーの墜落による衝撃力に耐え、チームを守ることだ。アンカーポイントに立ち木を利用する場合は折れたり抜けたりしてはならないし、カムデバイスやパッシブプロテクション[*1]を利用する場合はそれらが外れてはいけない。もちろん個々のアンカーポイントをリンクさせたスリングやコードレットが切れたりほどけたり、カラビナが破断してもならない。つまり確実で強固なものでなくてはならない。また、使いやすい位置や高さであるといった利便性も求められる。さらにいえば、構築と解体に時間をかけ過ぎてはならないが、手を抜くのは論外だ。これらをまとめると、「確実性、信頼性が高い」「強度が高い」「シンプルである」が条件となる。

クライミングのアンカーには流動分散と固定分散があり、これまでは、それぞれを支持する派閥が他方のデメリットを語ることで、その優位性を訴えるという構図が続いてきた傾向がある。しかし、それぞれのモデルケースとなったスライディングX[*2]とフィギュアエイト以外にも多くの方法があるし、アンカーはクライミングチームにとって防御の最終ラインだという基本理念が置き去りにされてきたようにも感じられ、残念に思う。確実なアンカーシステムを構築する取り組みがこれまで以上に普及してほしいと願う。

確実なアンカーシステムをつくる上での問題は、経験に基づいた強度に対する感覚や判断力をもち合わせていないビギナーであっても、完璧さを求められることだ。そのために経験不足を補うなんらかの手法が必要だ。そこで、アンカーをつくる際のチェックポイントを紹介しよう。これに沿ってアンカーをチェックすることで曖昧さを排除し、経験の少なさを補うことができる。

また経験者にとっても、アンカー構築の精度を高めることにつながる。この方法は各項目の頭文字をとってERNEST（アーネスト）と呼ばれる。

確実なアンカーシステム

アンカーは均等荷重（E）、多重性がある（R）、マスターポイントが固定されている（NE）、強度が高い（S）、シンプルで素早く構築できる（T）の5項目でチェックする。

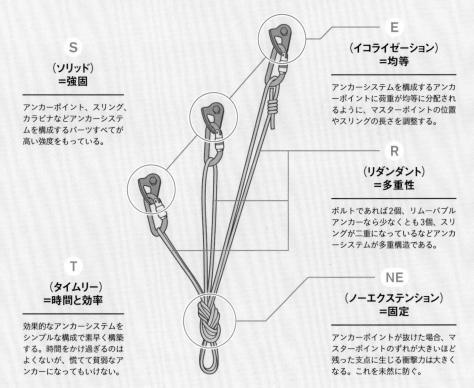

S
（ソリッド）
＝強固

アンカーポイント、スリング、カラビナなどアンカーシステムを構成するパーツすべてが高い強度をもっている。

T
（タイムリー）
＝時間と効率

効果的なアンカーシステムをシンプルな構成で素早く構築する。時間をかけ過ぎるのはよくないが、慌てて貧弱なアンカーになってもいけない。

E
（イコライゼーション）
＝均等

アンカーシステムを構成するアンカーポイントに荷重が均等に分配されるように、マスターポイントの位置やスリングの長さを調整する。

R
（リダンダント）
＝多重性

ボルトであれば2個、リムーバブルアンカーなら少なくとも3個、スリングが二重になっているなどアンカーシステムが多重構造である。

NE
（ノーエクステンション）
＝固定

アンカーポイントが抜けた場合、マスターポイントのずれが大きいほど残った支点に生じる衝撃力は大きくなる。これを未然に防ぐ。

アンカーポイント
の種類

大地とアンカーシステムをつなぐ役割を果たすのがアンカーポイントだ。アンカーポイントは岩や立ち木といった自然物を利用するナチュラルアンカー、ハンマーで打ち込むピトンやボルトなどのフィクストアンカー、カムデバイスやパッシブ

アンカーポイントの種類と特徴

**フィクスト
アンカー**

ピトンやボルトなど岩に打ち込まれたアンカー。新たに設置する場合も残置支点の場合も必ず岩の硬さと安定性、利き具合を確認する。

自分でピトンを打ち込むときは、打撃音が高くなり、カラビナホールの外周部が岩面まで打ち込めれば利いていると判断できる。残置支点は利きや腐食具合を確認する。

リムーバブルアンカー

岩が硬く動かないこと、引かれる方向とステムが一致、岩とデバイスがしっかり接触していることの3点で評価する。

* カムデバイスのパーツ。岩と接する扇形をした可動部分。単純にカムと呼ばれることもある。

**カム
デバイス**

すべての
カムローブが
均等に
開いている

カムデバイスは、セットする箇所の岩が平行で、硬く安定している場合に支持力を発揮し、有効なアンカーとなる。

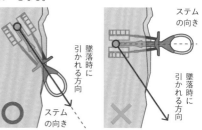

引かれる方向とステムの向きが一致するとカムローブ*の開く力は最大となる。一致しないとカムローブが回転して外れる危険がある。

プロテクションなど、セットとリムーブを手で行なうことができるリムーバブルアンカーに分類される。

アンカーポイントは確実に大地とつながっていることが大原則だ。立ち木を利用する場合はしっかりと根が張っているか、リムーバブルアンカーやピトンをセットする岩が浮いていないかどうか、見極めを怠ってはならない。

ナチュラルアンカー

クライミングのビレイステーションとして立ち木を利用する場合、ガースヒッチで固定するのが一般的だ。ハーフヒッチを併用することもある。

実用例❶

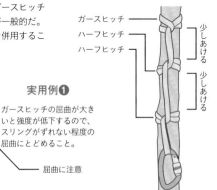

ガースヒッチの屈曲が大きいと強度が低下するので、スリングがずれない程度の屈曲にとどめること。

— 屈曲に注意

実用例❷

細い枝や根を使う場合、ガースヒッチにハーフヒッチを2回程度追加するとスリングのずれを抑制できる。

ガースヒッチ ——
ハーフヒッチ ——
ハーフヒッチ ——

少しあける

少しあける

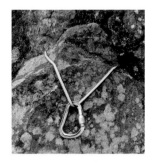

実用例❸

岩角を使う場合は、充分な大きさの突起であるか、荷重方向を予測して、実際に抜けないかどうか確認する。常に荷重をかけてスリングが動かないように注意しよう。少ない装備で簡単につくれるが、外れるリスクは念頭に置いておくこと。

パッシブプロテクション

岩と整合している

パッシブプロテクションでは、ウエッジ（くさび形）が一般的なタイプだ。岩溝が荷重方向に狭まった箇所に使う。

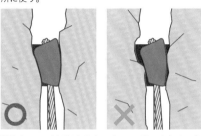

岩とウエッジ本体がパズルピースの組み合わせのように接触しているとよい。イラストの赤い部分が多い例は整合が不完全なので危険だ。

Building anchors

アンカー構築の基本

ピッチクライミングの始まりと終わりには必ずアンカーがある。ピッチの途中で設置するプロテクションは墜落したクライマーをプロテクトするもので、ピッチの始点と終点にあるアンカーはクライマーの墜落によって生じた衝撃力からビレイヤーを守る役割を担っている。つまりアンカーはクライミングチームにとって文字どおり「錨（アンカー）」となって、防御の最終ラインを受けもつ。

アンカーをもたないクライミングシステムは、防御の手立てがない不完全なものだ。その重要性を理解せず、またアンカー構築に慣れていないと、アルパインゾーンでは行動できない。近郊の岩場を登るときも、アルパインゾーンでのクライミングを想定し、アンカー構築を省くことなく、防御力の高いクライミングシステムをつくれるような練習を積み重ねておきたい。

クライミングのロープワークは、登りながら使うものはそれほど多くはない。しかしアンカー構築では、ビレイポイントの地形の質や形状、強度などによって複数のロープワークを使い分けられるような知識を備えておいたほうがよい。

アンカーは、支点やギアが強固であるか、アンカーに多重性があるか、アンカーへの荷重が均等に分散されているか、マスターポイント*は固定されているか、の4つの項目で評価する。個々のアンカーの強度は低くても、複数を集約することでアンカー全体の強度を高めることは可能だし、結び目による強度低下の知識があれば、それをカバーする策を講じることができる。つまり、強度の高いアンカーをつくれるかどうかは、ロープワークの知識の有無にかかっている。

* 複数のアンカーポイントを集約させた最も強度の高いポイント。ここでセルフビレイを行なったり、フォロワーのビレイのためのビレイデバイスを設置したりする。

ロープワークの基本

ロープワークの基本となるパーツは、結び目の名称にも使われている場合もあるので知っておこう。

❶ HITCH ヒッチ
ロープ以外のものも使う結び目のこと

❷ BEND ベンド
ロープの末端同士をつなぐこと

❸ LOOP ループ
ロープでつくる環状のこと

❹ KNOT ノット
ロープだけでつくった結び目のこと

❺ BIGHT バイト
ロープを2つ折りにした部分。環状にはならない

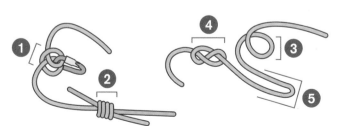

アンカー構築で使うロープワーク

アンカー構築のときに利用する代表的なロープワーク。もちろんほかにもあるが、まずはこれらを覚えよう。

フィギュアエイト
オンアバイト

バイトからフィギュアエイトをつくるのでこう呼ばれる。ロープをアンカーに固定するときなどに使う。

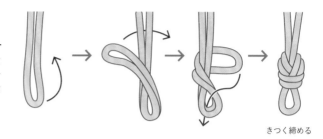

きつく締める

オーバーハンド
オンアバイト

バイトからオーバーハンドをつくる結び方。コードレットの末端でつくり、カラビナをかけるループとして使う。

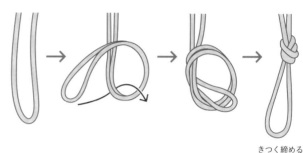

きつく締める

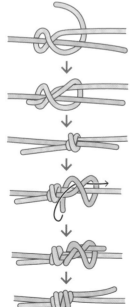

きつく締める

ダブル
フィッシャーマンズ
ベンド

ロープなどをつなぐことをベンドという。ダブルフィッシャーマンズノットをつないでいるのでこう呼ばれる。

ボウリンオンアバイト

スリングのループをつくるロープワーク。バイトからボウリンをつくるので、こう呼ばれている。ボウリンはボウライン、ブーリンと呼ばれることもある。

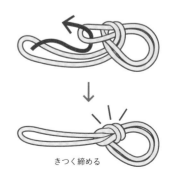

きつく締める

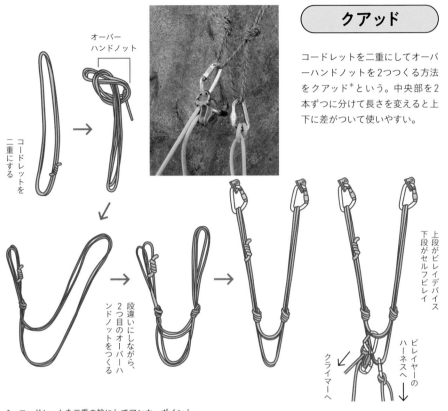

オーバーハンドノット

コードレットを二重にする

段違いにしながら、2つ目のオーバーハンドノットをつくる

上段がビレイデバイス
下段がセルフビレイ

ビレイヤーのハーネスへ

クライマーへ

コードレットを二重にしてオーバーハンドノットを2つつくる方法をクアッド*という。中央部を2本ずつに分けて長さを変えると上下に差がついて使いやすい。

* コードレットを二重の輪にしてアンカーポイントにかかっているストランドが4本になることからクアッド（quad）と名づけられた。セットが楽で、流動分散と固定分散のいいとこ取りと、利点が多い。

スリングの使い方

スリングは立ち木や岩に巻きつけて使うこともあるが、方法によって強度低下に差がある。強度が高い順に、ツーバイト（中）、ラウンドターン（左）、ガースヒッチ（右）となる。

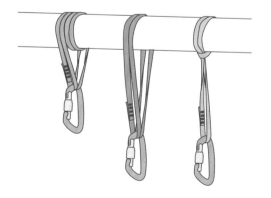

ツーポイント クアッドを トップロープで 使うとき

マスターポイントのコードを1本と3本に分けて、3本のほうにカラビナを3枚かける。カラビナが横倒しになりにくく、ロープの流れがよい。1本のほうを使わないのは、万が一、上部のアンカーポイントが抜けた場合に、カラビナが外れることを防ぐため。

ツーポイント クアッドを マルチピッチで 使うとき

マスターポイントのコードを2本ずつに分けて、それぞれをセカンドのビレイ用、セルフビレイ用などに使う。ビレイステーションが整理されるので、マルチピッチに活用したい。

スリーポイント クアッドの つくり方

アンカーポイントが3点の場合もクアッドは有効だ。最初にコードを2点に分けてかける。このコードをオーバーハンドノットで固定。次に、もう一方のオーバーハンドノットをつくって、残りの1点にコードをかける。オーバーハンドノットの位置を微調整して完成。

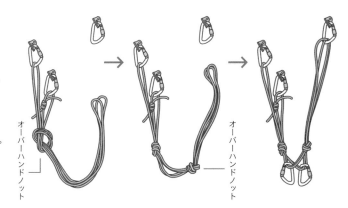

オーバーハンドノット

オーバーハンドノット

立ち木を利用したアンカー

しっかりと根が張った太い立ち木はアンカーに利用できる。ラウンドターン・ボウリン・ヨセミテフィニッシュが使いやすい。

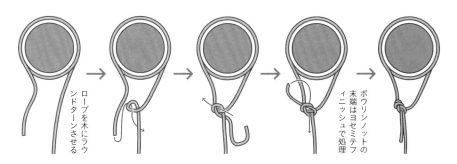

ロープを木にラウンドターンさせる

ボウリンノットの末端はヨセミテフィニッシュで処理

アンカーシステムの実用と正しい評価

アンカーシステムは見た目が異なっていても基本構造は共通している。アンカーポイント、アンカーポイントの連結部、それらを集約させたマスターポイントが基本構造だ。さらに荷重方向に対して有効に機能するという役割を合わせ、システムが構築される。最大荷重の方向は単一方向（ユニダイレクショナル）だが、その予

アンカーシステムの実用例

ユニダイレクショナル
＝単一方向

複数のアンカーポイントの1つが抜けた場合、残ったアンカーポイントへの衝撃力を抑えるためにマスターポイントがずれないよう固定する方法。

長所	短所
アンカーポイントが抜けた場合に、残ったアンカーポイントへの衝撃力を軽減できる。	予想した荷重方向からずれた場合、荷重の分配が均等にならない。常に荷重方向を意識して使う必要がある。

ユニ・実用例❶
マスターポイントをクローブヒッチで固定する。マスターポイントがループになっていないのでリギングプレートを併用する。

ユニ・実用例❷
マスターポイントとなるボウリンオンアバイトをつくり、スリングがV字になるように各アンカーポイントにクローブヒッチで固定。

ユニ・実用例❸
マスターポイントとなるボウリンオンアバイトをつくり、最下部のアンカーポイントに連結。もう1点はクローブヒッチで長さを調整。

ユニ・実用例❹
アンカーポイントが3点以上の場合、240cm程度のコードレットを使い、フィギュアエイトでマスターポイントを固定する。

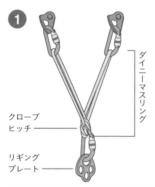

ダイニーマスリング

クローブヒッチ

リギングプレート

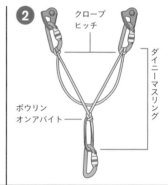

クローブヒッチ

端末をクリップ

きつく張り込む

ボウリンオンアバイト

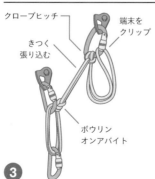

クローブヒッチ

ダイニーマスリング

ボウリンオンアバイト

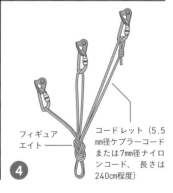

フィギュアエイト

コードレット（5.5mm径ケブラーコードまたは7mm径ナイロンコード、長さは240cm程度）

測が難しい場合、また荷重方向の移動が予測される場合は多方向（マルチダイレクショナル）に対応させる。いずれもマスターポイントをループにしてカラビナのかけ外しが容易に行なえるようにしておく。マスターポイントをループにできない場合は、リギングプレートを利用して利便性を補うこともある。

アンカーシステムに使うスリングの素材特性にも注意したい。ダイニーマなど高強度ポリエチレンは融点が低いため結び目による強度低下が大きい。ケブラーなどのアラミド繊維を使った5.5mm径のコードレットは耐熱性に優れ、強度が高くコンパクトになるなどの理由から普及しつつある。

マルチダイレクショナル
=多方向

多少の移動範囲をもたせることで荷重方向の変化に対応させる方法。アンカーポイントの脱落に備え、オーバーハンドノット2個でリミッターノットを作成する。

長所	短所
マスターポイントの荷重方向が移動しても、各アンカーポイントへの荷重分配が1点に偏ることがない。	アンカーポイントの1つが抜けた場合、残ったアンカーポイントに生じる衝撃力が大きくなる。

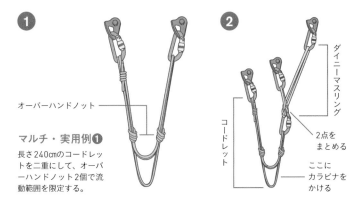

①

オーバーハンドノット

マルチ・実用例❶
長さ240cmのコードレットを二重にして、オーバーハンドノット2個で流動範囲を限定する。

②

ダイニーマスリング

コードレット

2点をまとめる

ここにカラビナをかける

マルチ・実用例❷
アンカーポイントが3点の場合、2点をまとめ、残った1点と連結させる方法もある。若干の流動域ができる。

強度低下の要因

アンカーシステムを評価するとき、カラビナやスリングなど構成要素の強度低下要因を知っておかなければならない。スリングの結び目、内角による荷重分配の比率、カラビナの強度低下要因などを紹介しよう。

結び目による強度低下
（素材別）

スリングは屈曲すると強度が低下し、その比率は素材と幅で異なる。8mmダイニーマはオーバーハンドノットで54%も低下する。

	16mmポリアミド	8mmダイニーマ
フィギュアエイト	−39%	−48%
クローブヒッチ	−25%	−35%
ガースヒッチ	−45%	−53%
オーバーハンド	−47%	−54%

※ポリアミドは繊維名で、いわゆるナイロン（商品名）のこと

内角の違いによる荷重分配

アンカーシステムの角度によって、アンカーポイントに分配される比率は変化する。角度だけでなく、マスターポイントとの距離が近いほうに、より大きな力が分配される。

角度が大きくなるとアンカーポイントへの荷重分配は大きくなるため、60°以内に抑えたい

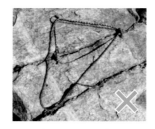

スリングを1周させるADT（American Death Triangle）は、アンカーポイントへの荷重分配が大きい

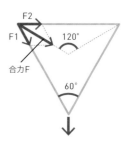

ADTではアンカーポイントが2方向に引かれ、この合力の方向が内角に相当するため実際の角度より分配は大きい

 60°の場合

60°の場合、アンカーポイントへの分配は58％となる

90°の場合

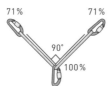

90°の場合、アンカーポイントへの分配は71％となる

120°の場合

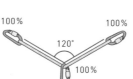

この場合、アンカーポイントへの分配は100％となり、危険だ

ADT60°の場合

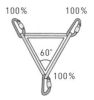

ADTでは60°でも荷重分配は100％となるので危険だ

カラビナの強度低下の要因

カラビナは、ゲートが閉じた状態でスパインに沿った力が生じたときに、最大強度を発揮する。それ以外の方向に力がかかると強度は低下する。典型的な例を示しておく。

スパイン

マイナーアクシス

スパインと直交する方向をマイナーアクシスと呼ぶ。ゲートとスパインに力がかかるので強度は低下する。

スリーアクシス

3方向に力が生じることをスリーアクシスと呼ぶ。ノーズを広げる力によって破断する危険性がある。

ゲートオープン

ゲートが開いた状態で荷重がかかるとノーズを留めることができない。このためノーズが開いて破断する危険性が高い。

テコ

カラビナが岩などと干渉し、テコのようにして、ねじ曲がる力がかかると破断しやすい。

積雪期の
アンカーとビレイ

積雪期クライミングは、状況判断や行動判断が困難となる。そのため無積雪期クライミングの経験を充分に積み重ねた後に取り組むべきだ。

　ルートの斜度がきつくなり難度が上がったら、ロープを結び合ってサイマルクライミングへ、さらに難度が上がるとピッチクライミングへ移行する。ただし、無雪期の岩場と違い、アンカー強度に不安がある場合や中間支点が得られないこともある。そのため、積雪期は滑落しないことが原則だ。その上で、可能な限り強固なアンカーを構築し、中間支点をつくるよう努力する。

　サイマルクライミングからピッチクライミングに移行するタイミングは、ルート状況やメンバーの力量で大きく異なるた

め、明確な基準を設けることは難しい。抽象的な表現だが「ここから先どうしよう？」と迷ったら移行するのがよい。リードクライマーのビレイは無積雪期と同様に行なうことが理想だが、中間支点が得られない場合はシッティングヒップビレイを下方に向いて行なうなど、現場で機転を利かせて最善の策をとる。

　ピッチクライミングの要となるアンカーの構築は、灌木や岩角などのナチュラルアンカーを積極的に利用する。場合によってはスノーピケット*などを使ったデッドマンアンカーも使う。ビレイ技術も、ブーツアックスビレイ、カラビナアックスビレイ、シッティングヒップビレイなど積雪期特有のものとなる。

*　断面形状がT字形、長さ60〜90cmの鉄道線路を短くしたような道具。カラビナホールを備えたモデルはガースヒッチせずにカラビナをかける。

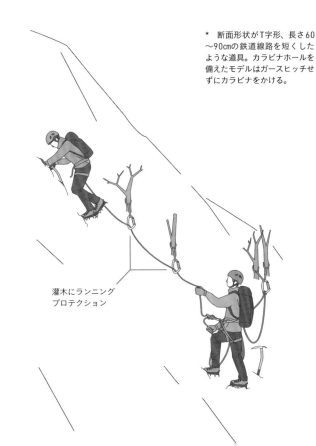

灌木にランニング
プロテクション

ピトンやボルトだけでなく、灌木や雪などあらゆる自然物を利用して強固なアンカーをつくる。それがクライミングの防御の要となる。

雪を利用したアンカー

雪を利用してアンカーをつくる。代表的なものは、雪をT字に掘ってアックスやスノーピケットを埋没させアンカーにするデッドマン*¹。もうひとつは雪に涙滴形の溝を掘るボラードだ。

デッドマン

アックスなどを埋没させ、その上に雪を埋め戻して固める。荷重方向の雪の硬さが支持力に大きな影響を及ぼすため、充分な深さ、硬さであることを確認する。スリングのためのスリットも重要だ。

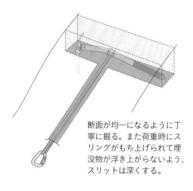

断面が均一になるように丁寧に掘る。また荷重時にスリングがもち上げられて埋没物が浮き上がらないよう、スリットは深くする。

ボラード

ビレイのアンカーとしても使えるが、ラペリングのアンカーにすることが多い。掘りながら積雪層を確認し、ロープがボラードを切らないように注意したい。雪が軟らかい場合は円を大きくする。

約50cm

硬い雪の場合、半径50cmが目安となる。アックスの長さを基準にして弧を描く。雪が軟らかいときは半径を大きくする。

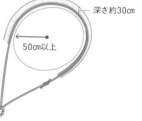

深さ約30cm

50cm以上

ボラードの溝は深さ30cmを目安に掘る。溝の角度は、ロープが浮き上がらないようにやや内側にロープが入るように注意しながら掘る。

雪上ビレイ技術

雪上ビレイはアックスなどのギアや積雪をうまく組み合わせて行なう。確実なビレイのためには信頼できるプラットフォーム*²が必要だ。

ブーツアックスビレイ

斜面に40cm程度の段差をつけてプラットフォームをつくり、足を置いて低く構える。上の足のブーツの山側にアックスを刺して、このアックスとブーツの足首を利用して巻きつけ角度をつくり出してビレイする。

滑落を止めるときのロープの動き

アックスのシャフトを押さえつけ、ブーツの足首部にロープを巻きつける。巻きつけ角度を大きくすることで墜落停止させる。

アックスを押さえる

ブーツに巻きつける

セカンドクライマーへ

墜落時にロープをブーツに巻きつけ、もう一方の手でアックスを押さえる。このとき山側のブーツに体重を乗せると効果的だ。

30〜40cmくらいの段差

セカンドクライマーへ

カラビナ
アックスビレイ

二重にした60cmスリングをガースヒッチでアックスのシャフトに固定。ピックが斜面下方になるように埋める。谷側のブーツでピックを、山側のブーツでアッズを踏む。スリングはブーツの間から出す。

ブレーキハンド

ロープが脚に沿うように

アックスを埋没させ、両足で踏みつける

60cmスリングを二重にしてガースヒッチでシャフトに固定する

セカンドクライマーへ

ビレイ中は体をしっかり立てて突っ張ったポジションを維持する。ロープは谷側の脚に沿うような位置にくるのがよい。

カラビナの方向へ引かれるので、その力に耐えられるように姿勢を保つ

ブレーキハンドを体に巻きつけるように動かしてロープを握る

セカンドクライマーへ

滑落停止姿勢は、足を踏ん張り、体全体を突っ張るように受け止めながら、ブレーキハンドでロープを体に巻きつけるように操作する。

シッティング
ヒップビレイ

デッドマンアンカーを山側につくり、アンカーとハーネスを結ぶロープはタイトにする。プラットフォームはインカット[*3]にして、深く腰かける。足はやや膝が曲がるポジションで踏み固めて踏ん張る。

デッドマン

ブーツが埋まるくらいの足場をつくり、踏ん張る

セカンドクライマーへ

安定したポジションをつくったら、セカンドクライマー側のロープを腰に巻きつける。

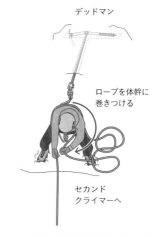

デッドマン

ロープを体幹に巻きつける

セカンドクライマーへ

滑落停止時は両足を踏ん張り、ブレーキストランドを体に巻きつけるように大きく動く。常にロープを緩ませないように操作する。

---

*1 埋没アンカーの総称。商品名としてデッドマンというものもあるが、本来は埋没アンカーを指す。スノーピケットやアックスを埋没させるのが一般的。
*2 硬い表面は削り、柔らかい層は踏み固めてつくった足場のこと。「バケツ」とも呼ばれる。雪上のビレイやアンカーにとって不可欠な存在。
*3 プラットフォームやレッジなどの斜面下方側が高く、内側がくぼんだ地形のこと。この形状であれば腰かけても滑り落ちる心配が少ない。

確保理論

バリエーションルートの岩場を通過するとき、ピッチクライミングを行なう。登山道であれば鎖やハシゴが設置されている箇所もあるが、バリエーションルートにはそのような設備はない。また、ハシゴや鎖を手がかりや足がかりにしたとしても、これらは墜落停止システムの目的で設置されたものではない。つまり、登山道でもバリエーションルートでも、墜落のリスクが高いルートに挑戦するときは、ピッチクライミングの技術を身につけ、行動中は動作をコントロールしなければならない。また、万が一の墜落に備えて墜落停止システムの装備を持ち、それらを使いこなす技術に習熟しておくことが、

登山者の責任として一人一人に求められる。この責任を各自が果たすことを自己責任といい、装備や技術を持つことなくそのようなエリアあるいはルートに入ることは無責任といえる。

墜落停止システムとは、同じチームの他のメンバーが、ロープやビレイデバイスなどの装備を組み合わせて墜落者を停止させることで、これをビレイ（確保）と呼ぶ。ビレイの目的は、墜落者が地面や側壁にぶつかるのを防ぐこと、つまりクリアランスの維持だ。地面や側壁に衝突すると大きなインパクトフォースを受ける。これが6kN*を超えると骨折などのケガを負う可能性が高くなり危険だ。さらに12kNを超える

ビレイ（確保）の目的

クリアランスの維持とインパクトフォースの緩和がビレイの目的だ。前者は墜落者を地面や側壁に衝突させずに空中で停止させること、後者はロープなどによって墜落の衝撃を減らすことだ。インパクトフォースが大きいと墜落者が内臓などを損傷する、プロテクションが外れる、カラビナが壊れるなどの事態が起こり得る。

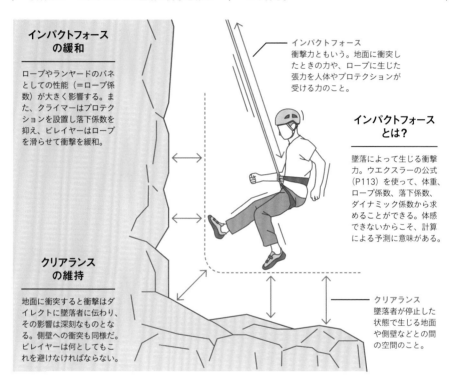

インパクトフォースの緩和

ロープやランヤードのバネとしての性能（＝ロープ係数）が大きく影響する。また、クライマーはプロテクションを設置し落下係数を抑え、ビレイヤーはロープを滑らせて衝撃を緩和。

クリアランスの維持

地面に衝突すると衝撃はダイレクトに墜落者に伝わり、その影響は深刻なものとなる。側壁への衝突も同様だ。ビレイヤーは何としてもこれを避けなければならない。

インパクトフォース
衝撃力ともいう。地面に衝突したときの力や、ロープに生じた張力を人体やプロテクションが受ける力のこと。

インパクトフォースとは？

墜落によって生じる衝撃力。ウエクスラーの公式（P113）を使って、体重、ロープ係数、落下係数、ダイナミック係数から求めることができる。体感できないからこそ、計算による予測に意味がある。

クリアランス
墜落者が停止した状態で生じる地面や側壁などとの間の空間のこと。

と生命を落とす危険がある。

　もうひとつの目的は墜落停止時にロープに生じるインパクトフォースを緩和することだ。このインパクトフォースは体重、ロープやランヤードのバネとしての性能、落ちた高さと衝撃を受けたロープの長さの関係などで決まる。この衝撃力は計算によって予測することができる。体感するにはあまりにも危険すぎることから、計算によって客観的に把握し、危険を回避するための知識として理解することに大きな意味がある。

*kN＝キロニュートン。kgは物質の質量を表わすのに対し、kNは重力を表わす。

ビレイの分類

ビレイは、衝撃を受けたロープをスリップさせるダイナミックビレイ（動的確保）と、ロープが固定されたスタティックビレイ（静的確保）に分類できる。ダイナミックビレイはリードクライマーのビレイのように、ビレイデバイスを利用して、衝撃を受けたロープを滑らせ、インパクトフォースを緩和する。このとき墜落者が停止するまでに滑り出したロープの長さ

スタティックビレイ

ロープが固定され、スリップさせることができない。衝撃力は体重とロープ係数、落下係数で決まる。そのため落下係数を抑えることが重要。具体的には、セルフビレイ時はロープを緩ませてはいけない。また、登山道の鎖は本来、手がかりであって、墜落停止システムの器具ではない。だからといってカラビナをかけて使うことを禁じるつもりはないが、墜落時には右のイラストのように大きな衝撃力が生じるリスクを理解しておきたい。

スリーアクシス

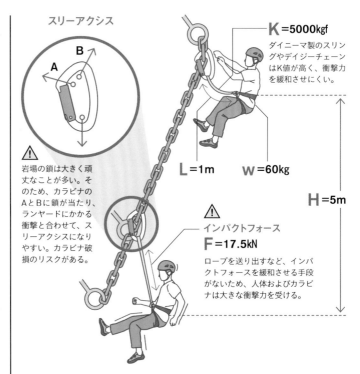

⚠ 岩場の鎖は大きく頑丈なことが多い。そのため、カラビナのAとBに鎖が当たり、ランヤードにかかる衝撃と合わせて、スリーアクシスになりやすい。カラビナ破損のリスクがある。

K=5000kgf
ダイニーマ製のスリングやデイジーチェーンはK値が高く、衝撃力を緩和させにくい。

L=1m　**w**=60kg

H=5m

⚠ インパクトフォース
F=17.5kN
ロープを送り出すなど、インパクトフォースを緩和させる手段がないため、人体およびカラビナは大きな衝撃力を受ける。

スタティックビレイのインパクトフォースを求める計算式

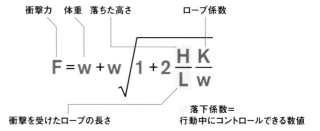

衝撃力　体重　落ちた高さ　ロープ係数

$$F = w + w\sqrt{1 + 2\frac{H}{L}\frac{K}{w}}$$

衝撃を受けたロープの長さ

落下係数＝行動中にコントロールできる数値

（S）と衝撃を受けたロープの長さ（L）の関係（S／L）がダイナミック係数となる。この係数（S／L）と墜落者の体重（w）、ロープ係数（K、ロープを100％伸張させた場合にロープに生じる張力、バネとしての性能を示し、数値が大きいほど硬いバネになる。）、落ちた高さ（H）と衝撃を受けたロープの長さ（L）の関係を示す落下係数（H／L）によってインパクトフォースを求められる。

スタティックビレイはアンカーにセルフビレイするときのように、墜落時に衝撃を受けるロープの末端が固定されている場合のビレイを指す。このときのインパクトフォースは体重、ロープ係数、落下係数で求める。また、正しい方法ではないが、ランヤードの先につけられたカラビナを登山道の鎖にかけて墜落時のビレイにする場合もスタティックビレイになる。

ダイナミックビレイ

ロープをスリップさせることで衝撃力を緩和させるビレイ。プロテクション強度が高く、強度評価しやすい場合、たとえば、フィクストアンカーなどの接着系アンカーでプロテクションが構成されている場合は、それほど神経質に考える必要はない。しかし、リムーバブルプロテクションで構成されたトラディショナルルートなどは、場合によってビレイヤーが意図的にうまくスリップさせて、衝撃力を緩和してプロテクションを守ることもある。

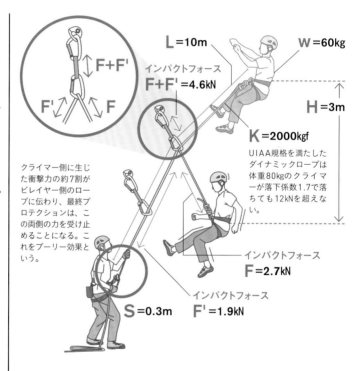

L=10m　W=60kg

インパクトフォース
F+F'=4.6kN

H=3m

K=2000kgf

UIAA規格を満たしたダイナミックロープは体重80kgのクライマーが落下係数1.7で落ちても12kNを超えない。

クライマー側に生じた衝撃力の約7割がビレイヤー側のロープに伝わり、最終プロテクションは、この両側の力を受け止めることになる。これをプーリー効果という。

インパクトフォース
F=2.7kN

S=0.3m　インパクトフォース F'=1.9kN

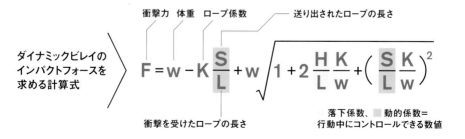

ダイナミックビレイのインパクトフォースを求める計算式

衝撃力　体重　ロープ係数　　送り出されたロープの長さ

$$F = w - K\frac{S}{L} + w\sqrt{1 + 2\frac{HK}{Lw} + \left(\frac{SK}{Lw}\right)^2}$$

衝撃を受けたロープの長さ

落下係数、■動的係数＝行動中にコントロールできる数値

Impact force & Friction

インパクトフォース
の緩和

スタティックビレイでは、衝撃を受けるロープの末端が固定されているため、落下係数を小さくすることでしかインパクトフォースを緩和できない。そのため落下係数の理解とその調整が重要になる。

ダイナミックビレイでは、落下係数を小さくすることに加えて、ビレイヤーがロープをコントロールしながら滑らせてインパクトフォースを緩和させる。このロープを

摩擦と巻きつけ角度

巻きつけ角度の基本

※数値は巻きつけ角度による張力の違いを理解するための参考値

ビレイグローブを装着した手で握っただけの状態を0°とする。カラビナにロープをかけて折り返すとロープとカラビナの成す角度は180°、ムンターヒッチだとおよそ540°になる。このように巻きつけ角度（※）を大きくすることと、ロープをビレイデバイスに押さえつけることによる摩擦力を利用する。

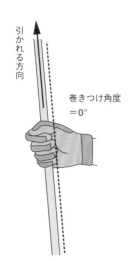

引かれる方向

巻きつけ角度 =0°

巻きつけ角度が0°の場合

ロープを握っただけでは体重も止められない。ビレイデバイスのロードストランド（クライマー側のロープ）だけを握るのが危険なことが想像できる。

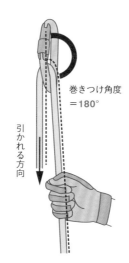

巻きつけ角度 =180°

引かれる方向

巻きつけ角度が180°の場合

カラビナにロープをかけて折り返すと摩擦が増え、ロードストランドの張力は30〜40kgfくらいまで耐えられる。摩擦と巻きつけ角度の効果がわかる。

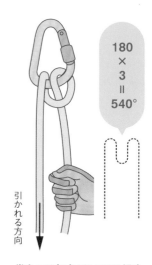

180
×
3
＝
540°

引かれる方向

巻きつけ角度が540°の場合

ムンターヒッチは3回折り返されている。ロードストランド側の張力は100kgf程度まで耐えることができる。シンプルだがよく考えられた技術だ。

滑らせる動作に、ロープとビレイデバイスおよびカラビナとの間の摩擦と巻きつけ角度を併せて利用することで、ビレイヤーがロープを握る力で停止できる衝撃力まで緩和させる。ビレイグローブを装着した手で握っただけだと、ロープは10〜15kgf*程度の力で滑り始めるが（握力60kgと仮定した場合）、ロープをビレイデバイスに押さえつけ、巻きつけるように操作すれば、

墜落停止できる程度まで衝撃力を緩和させることができる。これが巻きつけ角度と摩擦を利用した衝撃力の緩和だ。

*　kgf＝重量キログラム。kgは物体の質量を表わすのに対し、kgfは物体にかかる力を表わす。

ビレイデバイスの巻きつけ角度

ビレイデバイスは、摩擦力と巻きつけ角度を素早く調整できるような構造をしている。このため、ロープの送り出しや取り込みのときにストレスなく操作できる。墜落を停止させるときも、瞬時に摩擦と巻きつけ角度を増やし、インパクトフォースを緩和できる。

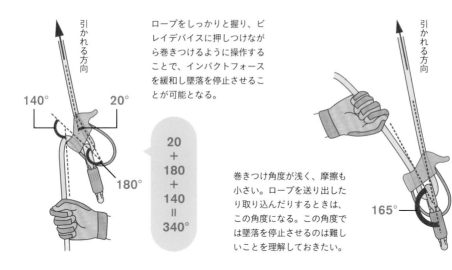

引かれる方向

140°　　20°

180°

ロープをしっかりと握り、ビレイデバイスに押しつけながら巻きつけるように操作することで、インパクトフォースを緩和し墜落を停止させることが可能となる。

20
＋
180
＋
140
＝
340°

巻きつけ角度が浅く、摩擦も小さい。ロープを送り出したり取り込んだりするときは、この角度になる。この角度では墜落を停止させるのは難しいことを理解しておきたい。

引かれる方向

165°

ウエクスラーの公式

アーノルド・ウエクスラーはアメリカ合衆国の数学者でありクライマー。第二次世界大戦中、アメリカ合衆国陸軍第10山岳師団の要請で、兵士を墜落による傷害から守るためにロープの素材やビレイ方法をディック・レナードとともに研究し、インパクトフォースを求める公式を導き出した。また、当時合成に成功したばかりのポリアミド合成樹脂（ナイロン）の特性がロープに適することを見いだし、世界初のナイロンロープ開発のきっかけをつくった。彼の研究は1950年、『アメリカンアルパインジャーナル』に発表され、戦後のクライミングギアの安全基準の根拠となった。

確保理論で
検証する

こ こまで述べてきた理論をもとにして、実際のクライミングを検証してみよう。比較するのはクライミングウォールと岩だ。クライミングウォールのハンガーは90cm間隔でまっすぐに設置され、壁の角度もほぼ一定でやや前傾していることが一般的だ。この環境での墜落はロープと壁との摩擦、プロテクションによるロープの屈曲が少ないためウエクスラーの公式

例1 クライミングウォールでの墜落はロープの屈曲が少ないため、生じるインパクトフォースは理論値に近い。

特にビレイヤーは岩場よりも強い力でいちばん近いプロテクションに引き込まれるため注意が必要だ。

ロープが接触するのはプロテクションだけで、ロープの屈曲は少ない。見かけのロープの長さと、衝撃を受けるロープの長さは、ほぼ一致する。

で求めたインパクトフォースに近い数値が生じると予測できる。

これに対して岩場では、よほどの前傾壁でない限り、岩とロープの間に摩擦が生じる。またプロテクションの位置も等間隔かつ直線的な配置ではないのでロープに屈曲が生じる。屈曲が大きいと、見かけ上のロープの長さよりも衝撃を受けるロープの長さが短くなり、落下係数が大きくなる。そ

の結果、墜落者が受けるインパクトフォースは大きくなる可能性がある。長いスリングを使い屈曲を小さくしたり、ハーフロープを2本使うシステムを採用したりしてロープの屈曲を減らす対応が求められる。

例2 ｜ クライミングウォールの墜落に比べ、ロープの屈曲や岩との接触などの影響を受けやすい。そのため見かけの ｜ ロープの長さと衝撃を受けるロープの長さに差が生じる。結果的に落下係数が大きくなる傾向が強い。

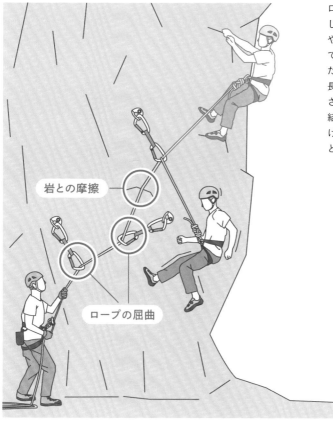

岩との摩擦

ロープの屈曲

ロープと岩の間に摩擦が生じる。またプロテクションやビレイヤーの位置によってロープは屈曲する。このため衝撃を受けたロープの長さは見かけのロープの長さより短くなる傾向がある。結果としてクライマーが受ける衝撃力が大きくなることに注意したい。

ラペリング

ラペリングは、クライミングや岩稜ルートに出てくる急な岩場の下降などで行なうことが多い。また、そのほかにも、天候急変やトラブル発生により、登ってきたルートを引き返すときにも使う。

クライミングが主にアルパインゾーンで行なわれていた時代は、必須技術として基礎トレーニングに組み込まれており、誰もがラペリングの技術を身につけていたが、クライミングの中心がロワリングできる長さのシングルピッチへ、さらにはクライミングジムに移行するにつれて、そのトレーニングは疎かになってきている。しかし、ラペリングの失敗は、死亡を含む重大事故につながることもあるので、正しい知識と確実な技術を身につけておくべきだ。

また、ラペリングに使うデバイス、ロープ径、ロープワークなど、ギアや関連技術は日々変化しており、長くクライミングをしている人にとっても情報のアップデートが不可欠といえる。

* オートブロックやプルージックなど。アラミド（5〜6mm径）や、ナイロン（7mm径）などのアクセサリーコードを使って、メインロープに巻きつけてフリクションを利用して動きに制限を加える。

ラペリング時のトラブル予測と対策

ラペリングのトラブルは、アンカーが崩壊する、髪の毛などを巻き込む、浮き石を落とす、岩角でロープを損傷する、ブレーキストランドを離してグラウンドフォール、ロープ末端からデバイスが抜ける、などが挙げられる。これらのリスクをあらかじめ理解した上で、その対策を技術に反映させることが大切だ。

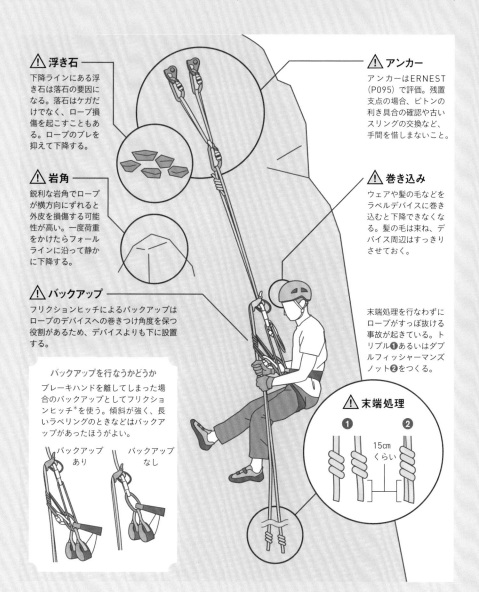

⚠ 浮き石

下降ラインにある浮き石は落石の要因になる。落石はケガだけでなく、ロープ損傷を起こすこともある。ロープのブレを抑えて下降する。

⚠ 岩角

鋭利な岩角でロープが横方向にずれると外皮を損傷する可能性が高い。一度荷重をかけたらフォールラインに沿って静かに下降する。

⚠ バックアップ

フリクションヒッチによるバックアップはロープのデバイスへの巻きつけ角度を保つ役割があるため、デバイスよりも下に設置する。

バックアップを行なうかどうか

ブレーキハンドを離してしまった場合のバックアップとしてフリクションヒッチ*を使う。傾斜が強く、長いラペリングのときなどはバックアップがあったほうがよい。

バックアップ
あり

バックアップ
なし

⚠ アンカー

アンカーはERNEST（P095）で評価。残置支点の場合、ビトンの利き具合の確認や古いスリングの交換など、手間を惜しまないこと。

⚠ 巻き込み

ウェアや髪の毛などをラベルデバイスに巻き込むと下降できなくなる。髪の毛は束ね、デバイス周辺はすっきりさせておく。

末端処理を行なわずにロープがすっぽ抜ける事故が起きている。トリプル❶あるいはダブルフィッシャーマンズノット❷をつくる。

⚠ 末端処理

❶　　　　　❷

15cm
くらい

Rappelling
セットの基本手順

ラペリングは、岩壁や岩稜の登高、下降といった行動をいったん区切って行なう。このため、慣れていないと時間のロスや安全面でのミスが生じやすい。確保の空白を生じさせないためにも、まずは素早くアンカーを構築し、各自がランヤードでアンカーと連結する。クライミングに使っていたロープを一度ほどいて使うが、誤って落とさないためにアンカーにロープを仮固定してから解く。

ロープのセットについてはP122で詳しく述べることにして、ここではラペルデバイスのセットについて説明しよう。アンカーに通されたロープに、まずオートブロックなどのフリクションヒッチでバックアップをつくる。バックアップの位置はラペルデバイスよりも下方で、ハーネスのビレイループを使う。フリクションヒッチが利くため、アンカー側のストランドを緩めることができ、ラペルデバイスをセットしやすくなる。

ロープを通すときにデバイスを落とさないために、フィギュアエイトは反転させる方法を、アパーチャータイプは本体についているワイヤーをカラビナから外さずにロープをセットする方法（P122）を習得しておきたい。

手順とBRAKES

セット後にBRAKESをチェックする。B＝ハーネスのバックルがきつく締まっている、R＝ラペルデバイスに正しくロープが通っている、A＝アンカーが強固である、K＝結び目（ノット）が正しく結ばれていて、きつく締まっている、E＝ロープ末端（エンド）にストッパーノットがあり、地面または次のラペルステーションに届いている、S＝セイフティバックアップがあるの6項目を確認することで、うっかりミスを防ぐことができる。

確保の空白に要注意

岩場では必ず、自分でロープをアンカーにつなぐか、誰かにビレイ（確保）される。特に技術の切り替え時は、注意しないとまったく確保されていない状態が生じる。これを確保の空白と呼ぶ。

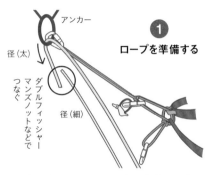

① ロープを準備する

ロープは手前側の上から通す。2本使う場合、同じ径であることが原則だが、ラペルコードなど径が異なる場合は太いほうを上から通してつなぐ。ロープを落とさないようにつなぎ終わるまでアンカーに仮留めしておく。

↓

② バックアップをつくる

フリクションヒッチの目的は、ロープのデバイスへの巻きつけ角度の維持、下降速度のコントロール、万が一ブレーキハンドを離しても停止できることだ。このためラペルデバイスの下方にセットする。

↓

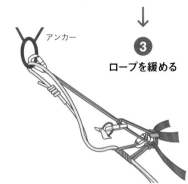

③ ロープを緩める

フリクションヒッチがあるので、アンカー側のストランドを緩めた状態でキープできる。この方法であればロープは下方に引かれないので、ラペルデバイスを落ち着いて確実にセットできる。

↓

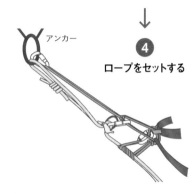

④ ロープをセットする

ロープをセットするときに、ラペルデバイスを落とすミスがよく起きる。この防止のために、ラペルデバイスはカラビナから外さずに、ロープだけを通す。ロープをカラビナにかけてゲートをロックする。

↓

⑤ ロープの余長をとる

アンカー側のストランドにはたるみがあるので、ラペルデバイスにロープを取り込んでランヤードにかかっている荷重がラペルデバイスに移行するまで、余長をとる。デバイス、バックアップへの荷重を確認する。

↓

⑥ BRAKESを確認する

ハーネスのバックル、ラペルデバイス、アンカー、ロープのつなぎ目、ロープエンドの結び目と長さ、バックアップの利きなどのBRAKESの6項目を確認して、問題がなければランヤードを外して下降する。

Rappelling

下降ロープを
セットする

ラペリングに使ったロープは下降した後、引き抜いて回収する。回収するときは下（岩）側のロープを引く。上側のロープを引くとロープがカラビナ（またはラペルリング）を上から押さえ、下側のロープを挟み込んでしまい回収できなくなることがある。下側のロープを引いて回収するので、つなぎ目は下（岩）側につくる。このためロープをつなぐ場合はカラビナ（またはラペルリング*）の上側から通し、下側につなぎ目をつくるように習慣づけることが大切だ。

　また、ロープ径が異なる場合は、太いほうをカラビナの上側から通す。これはアパーチャータイプでラペリングした場合、太いロープだけが動いて細いロープが上方にずれる現象を、ロープのつなぎ目がカラビナに当たることによって抑えるためだ。

　ロープ末端は、シングルストランドの場合はトリプルフィッシャーマンズノットに、ダブルストランドの場合はダブルフィッシャーマンズノットにして、ラペルデバイスから抜けないようにする。ロープを投げるか、手元で繰り出しながら下降するかは、壁の傾斜や植生、風の強さなどで判断する。

*　下降ロープを通すためのリング。ラペルステーションに残置されていることもある。ラペル時にロープを通すのでラペルリングと呼ばれている。

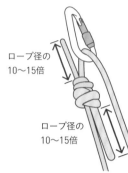

**ロープの
つなぎ方**

ロープのつなぎ方で重要なのは、結び目を整えてきつく締め込むこと、充分な余長を残すことだ。特徴を理解し、判断の基準をもとう。

ダブル
フィッシャーマンズ
ベンド

荷重で互いの結び目が締まっていくのが特徴。かつては同径のみ可といわれたが、異径でも可といわれるようになった。

ロープ径の
10〜15倍

ロープ径の
10〜15倍

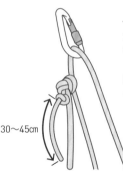

フラットオーバー
ハンドベンド

ロープ回収時に岩角をクリアしやすいことから使われ始めた。異径も認められているが、ストッパーノットは不可欠となる。

30〜45cm

フレミッシュベンド

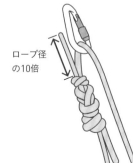

ロープ径
の10倍

フィギュアエイトでつなぎ、ダブルフィッシャーマンズノットでバックアップする。荷重後に解くのが楽で、信頼度も高い。

浮き石の有無や傾斜の緩急といった現場の地形、植生、そのときの天候などによって、ロープを投げるか携行するかを判断する。

ロープを投げる場合

下降ラインが垂直くらいで、灌木や浮き石など障害物がなく、風も弱ければ投げる。投げたロープが絡まったりすると解くのに時間を要することもあるので、投げる前のロープマネジメントは重要だ。

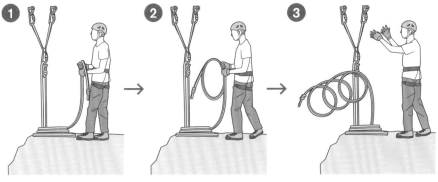

① リードクライミングのときと同じ要領。アンカー側のストランドが下に、ロープ末端が上になるようにさばいていく。

② ロープ末端から10m程度をコイルにする。コイルにする理由は、振り分けると広がって絡まりやすいためだ。

③ ロープがつながれているか、アンカーを通っているか、流れていくロープが足に絡まないかを確認してから投げる。

ロープを振り分けて携行する場合

障害物や風の影響を考慮したときの方法。最初はやや長く、段階的に短く振り分けるなど、丁寧にロープマネジメントしないとロープが絡まってしまう。ビレイループが見えにくいことにも注意する。

3m程度たるませておくと下降しやすい。束のまま落とすと絡まるので注意する。

ロープをバッグに入れる場合

下降ラインの灌木が多い場合や浮き石がある場合、風が強くロープを投げると絡まることが予想される場合はロープバッグに入れて、送り出しながら下降する。この方法が最も確実にマネジメントできる。

ロープバッグにはロープの末端から入れていく。常に3m程度出しておくとよい。

デバイスに
ロープをセットする

現在ラペリングに使うデバイスの主流はアパーチャータイプである。1990年代前半からこのタイプがビレイデバイスとして急速に普及し、それまでの主流だったフィギュアエイト（エイト環）が徐々に使われなくなったためだ。

アパーチャータイプは2本のロープを別々に操作できるのでダブルロープシステム（ハーフロープを2本）のビレイに重宝する。ただしラペリングのときは注意が必要だ。ロープ径が異なる場合や、同じ場合でも体が傾くと片方のスロットだけにブレーキがかかり、セットしたロープがずれることがある。下降中のロープのずれは気づきにくく、バックアップとしてのストッパーノットが末端にない場合はすっぽ抜ける。

これに対してフィギュアエイト（エイト環）は、2つのストランドを1つにまとめてデバイスにセットするのでこのような現象が起きにくい。どちらのデバイスを使ったとしても、セット時にデバイスを落とさない方法を知っておくべきことに変わりはない。

アパーチャータイプ

ワイヤーをカラビナにかけたままロープを通すとデバイスを落とさない。1本ずつ通すと通し忘れの要因となるので2本同時に通す。

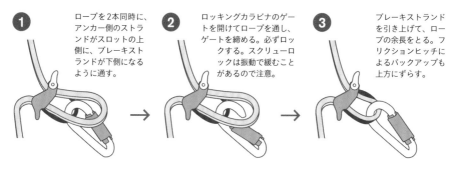

❶ ロープを2本同時に、アンカー側のストランドがスロットの上側に、ブレーキストランドが下側になるように通す。

❷ ロッキングカラビナのゲートを開けてロープを通し、ゲートを締める。必ずロックする。スクリューロックは振動で緩むことがあるので注意。

❸ ブレーキストランドを引き上げて、ロープの余長をとる。フリクションヒッチによるバックアップも上方にずらす。

フィギュアエイト

フィギュアエイトはラベルデバイスとしては優れている。携行時は大きな輪にカラビナをかけて、ロープを通したあとで反転させる。

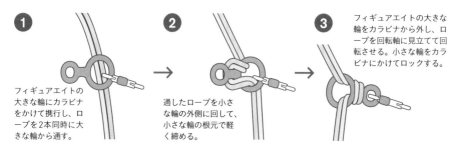

❶ フィギュアエイトの大きな輪にカラビナをかけて携行し、ロープを2本同時に大きな輪から通す。

❷ 通したロープを小さな輪の外側に回して、小さな輪の根元で軽く締める。

❸ フィギュアエイトの大きな輪をカラビナから外し、ロープを回転軸に見立てて回転させる。小さな輪をカラビナにかけてロックする。

登山のカテゴリー

登山はおおむね、ハイキング、トレッキング、そしてマウンテニアリングに分類される。

ハイキングは都市圏に近いエリアの整備されたトレイルを利用した数時間の歩行を示し、トレッキングは文明圏から離れたエリアのトレイルを数日から数週間にわたって歩行することを意味する。そしてマウンテニアリングは、都市から離れた山岳地帯で行なわれるが、トレッキング同様に長い歩行があり、険しい岩場での行動が含まれる。このことからロープを利用した墜落への備えが必要とされ、さらには冬季行動も含まれる。

これらは、「都市からどの程度離れているか」「地形がどの程度険しいか」で分類されている。日本では森林限界を越えた岩稜ルートを上級と表現しているが、わが国に比べて広大なフィールドをもつ欧米においては、これらにヒエラルキーはなく、それぞれが独立したものとして捉えられることが多い。

ハイキングは自然に親しむための第一歩に最適な登山で、多くの人が長く継続できる。トレッキングには、長い距離を歩くための装備や体力、基本的な技術が必要になる。そして、トレッキングの経験を積み、登山の総合力を身につけることをめざすのがマウンテニアリングだ。本書では、トレッキングからマウンテニアリングまでを想定した技術・知識を解説している。

マウンテニアリング

森林限界を越えたエリアの稜線や岩場。クライミング技術やロープによる、墜落を止めるシステムが求められる場合もある。

ハイキング

高山山麓や都市近郊の低山帯が主なエリア。舗装はされていないが路面は整備されていて、急峻な斜面や岩崖などは出てこない。

トレッキング

山麓から森林帯までのエリア。森林限界より上の稜線であっても、露岩が少なく稜線の幅が広い場合はトレッキングの範疇となる。

日本国内のフィールドを例に挙げれば、「大正池〜上高地〜横尾」「立山室堂周辺」などの比較的平坦なエリアはハイキング、「上高地〜岳沢」「室堂〜一ノ越」「美濃戸口〜赤岳鉱泉」などの森林帯から森林限界を目安としたエリアはトレッキングとなる。「涸沢〜奥穂高岳」「剱沢〜剱岳」「赤岳鉱泉〜赤岳」などの森林限界を越えるエリアはマウンテニアリングだ。

第
2
部

クライミングシステム

クライミング時の トラブル対応

セルフレスキューとは、リードクライマーまたはフォロワーの墜落やラペリング中に生じたトラブルを自ら解決するための技術だ。ラペリングであれば、下降をいったん停止して下降に使ったロープを登り返す、リードクライマーやフォロワーの墜落の場合はビレイヤーが墜落者にアプローチして合流し、一緒に下降するなどといったことだ。一見、複雑そうだが、基本的なクライミング技術を組み合わせたもので、レスキュー技術という特別なものがあるわけではない。クライミングシステムを理解し、基礎技術に習熟し、アンカー強度の評価が確実に行なえることがトラブル対応においても不可欠となる。

そのため、クライミング経験が不十分な人がセルフレスキュー技術だけを求めても、リスクが高くなる場合が多い。まずはクライミングの経験を積み重ね、システムの理解と基礎技術の練度を高める努力を怠らないように心がけたい。

リード
クライマーの
トラブル対応

リードクライマーが墜落によって負傷し自分で動けないときは、ビレイヤーが合流してレスキューしなくてはならない。この場合、まずビレイデバイスの荷重解放、ロープのアセンディング[*1]、カウンターウエイト[*2]によるラペリングと3つの段階で行なう。これらにはフリクションヒッチ、ロードリリーシングヒッチ（LRH、P145）を用いる。

トラブル対応の手順

① ビレイデバイスの荷重解放

クライマーの墜落によってビレイデバイスに荷重がかかっているため、ミュールノットやフリクションヒッチを使って荷重をアンカーに移し、ビレイヤーが動ける状態をつくる。

② アセンディングで墜落者にアプローチ

墜落者の体重を利用してアセンディングする。アセンディングの方法はいくつかある。ビレイデバイスのガイドモード[*3]とフリクションヒッチを利用した方法をP126で紹介する。

③ カウンターラペリングで下降

カウンターウエイトを利用してラペリングし、墜落者に合流。詳細はP127参照。合流後も同じ要領で下降。ラペリングのアンカーは支点を追加するなどして、強度を高める。

*1 ロープを登る技術をアセンディングと呼ぶ。セルフレスキューではストランドが1本でも2本でも対応できるようにフリクションヒッチを使って行なう。
*2 釣り合いをとるための重りのこと。たとえば、墜落したクライマーとアプローチする救助者とで釣り合いをとってラペリングすることをカウンターウエイトラペリングといい、省略してカウンターラペリングと呼んでいる。
*3 アンカーにビレイデバイスを吊り下げて、フォロワーをビレイする方法。この機能がないモデルもあるので注意が必要。

荷重開放の手順

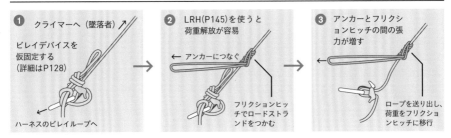

① クライマーへ（墜落者）↗
ビレイデバイスを仮固定する（詳細はP128）
ハーネスのビレイループへ

② LRH（P145）を使うと荷重解放が容易
← アンカーにつなぐ
フリクションヒッチでロードストランドをつかむ

③ アンカーとフリクションヒッチの間の張力が増す
←
ロープを送り出し、荷重をフリクションヒッチに移行

125

アセンディングの手順

ビレイデバイスのガイドモードとフリクションヒッチを使った方法は、使うギアが少なく、シンプルでセッティングが早いという利点がある。ただしアセンディングするルートの傾斜が強く、高さがある場合は疲れやすい。

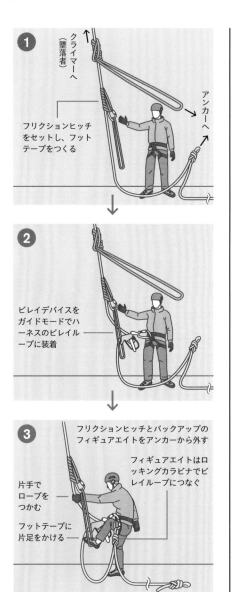

1 クライマーへ（墜落者）

アンカーへ

フリクションヒッチをセットし、フットテープをつくる

2 ビレイデバイスをガイドモードでハーネスのビレイループに装着

3 フリクションヒッチとバックアップのフィギュアエイトをアンカーから外す

フィギュアエイトはロッキングカラビナでビレイループにつなぐ

片手でロープをつかむ

フットテープに片足をかける

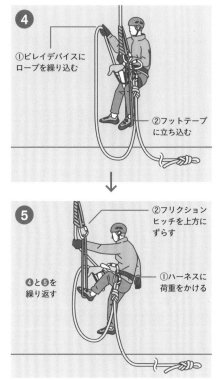

4 ①ビレイデバイスにロープを繰り込む

②フットテープに立ち込む

5 ②フリクションヒッチを上方にずらす

①ハーネスに荷重をかける

❹と❺を繰り返す

カウンターラペリングの手順

リードクライマー墜落の場合、1カ所のプロテクションに支えられているだけなので、必ずラペリングのアンカーを補強する。救助者は新たにアンカーを追加するか、残置支点なども利用して強固なアンカーをつくる。

1

①アセンディングで最終プロテクションに向かう

②支点を追加したり、上部2つの支点を利用したりして、強固なアンカーにする

↓

2

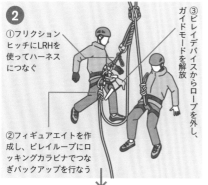

①フリクションヒッチにLRHを使ってハーネスにつなぐ

②フィギュアエイトを作成し、ビレイループにロッキングカラビナでつなぎバックアップを行なう

③ビレイデバイスからロープを外し、ガイドモードを解放

↓

3

ビレイデバイスをラペリングモードでセットし、ミュールノット+オーバーハンドノットで仮固定する

4

①墜落者側のストランドにフリクションヒッチをセットしハーネスにつなぐ

②LRHを外しラペリングデバイスに荷重を移す

↓

5

①フリクションヒッチの位置を手が届く高さに下げてハーネスにつなぐ

②ミュールノットをほどき、フリクションヒッチを下げながら下降を行なう

↓

6

墜落者と合流したらハーネスと直結し、墜落者側のフリクションヒッチを外して、下降を続ける

ラペリング時の
トラブル対応

ラ ペリング時、下降ラインを修正する
などの理由で、ロープを登り返すこ
とがある。注意すべきは、上部のアンカー
にロープは固定されておらず、引き抜いて
回収できる状態でセットされていること
だ。そのため2本のストランドをまとめて、
フリクションヒッチをセットする。一般的
にラペリングは、傾斜がきつく高さのある
箇所で行なわれる。そのため、ラペリング
からアセンディングに移行する場合はフリ
クションヒッチを2個使う方法がよい。

トラブル対応の手順

① 仮固定する

ロープのブレーキスト
ランドをラペルデバイ
スに押さえつけるよう
に握り、カラビナのス
パインを利用してミュ
ールノットで固定する。
オーバーハンドノット
でバックアップする。

② アセンディングで
アンカーへ戻る

フリクションヒッチを
2個使って、アセンデ
ィングを行なう。ヒッ
チが滑った場合のバッ
クアップに、フィギュ
アエイトオンアバイト
をハーネスのビレイル
ープにセットする。

下降ラインを間違えた
場合など下降開始地点
に戻らなくてはならな
い場合は、気づいたと
きにアセンディングに
切り替える

仮固定の手順

① ロードストランドを
手で押さえる
アンカーへ
ハーネスの
ビレイ
ループへ

②

③ ミュール
ノット
アンカーへ

④ オーバーハンド
ノット

アセンディングの手順

ラベルデバイスの仮固定から体重をフリクションヒッチに移行する。上方のフリクションヒッチに体重を預け、下方のヒッチを上にずらす。フットテープに立ち込んで上方のヒッチをずらす。これを繰り返して登っていく。

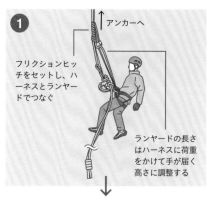

①

↑アンカーへ

フリクションヒッチをセットし、ハーネスとランヤードでつなぐ

ランヤードの長さはハーネスに荷重をかけて手が届く高さに調整する

②

2つ目のフリクションヒッチをセットし、ランヤードとフットテープをつける

③

メインロープでフィギュアエイトオンアバイトをつくり、ロッキングカラビナでビレイループにつなぐ（バックアップ）

④

②ラベルデバイスを外す

①フットテープに足をかける

⑤

上のフリクションヒッチに体重を預ける

下のフリクションヒッチを上方へ押し上げる

⑥

③上のフリクションヒッチを上方にずらす

①下のフリクションヒッチを上方にずらす

②フットテープに立ち込む

フォロワーの
トラブル対応

フォロワーが墜落や落石による負傷で動けなくなったときはリードクライマー（ビレイヤー）が下降して合流する。下方に向かって救助する場合はカウンターラペリングを行なう。リードクライマーのトラブル対応として行なうカウンターラペリングとの違いは、アセンディングのフェーズがなく、ビレイアンカーからスタートできること、ガイドモードかムンターヒッチからミュールノットで仮固定を行ない、荷重解放してラペリングに入ることだ。

トラブル対応の手順

① ガイドモードの荷重解放

ロードストランドをフリクションヒッチで固定。ロープを送り出し、荷重解放したら、ラペリングモードでハーネスにセットし、フリクションヒッチでバックアップする。

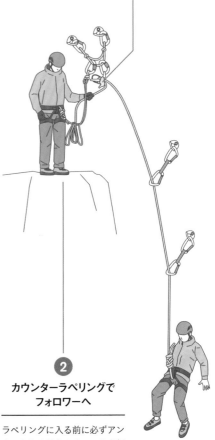

② カウンターラペリングで
フォロワーへ

ラペリングに入る前に必ずアンカーとシステムのチェックを行なう。ロードストランドのフリクションヒッチを下げて、そこまで下降するという作業を繰り返してフォロワーに合流する。

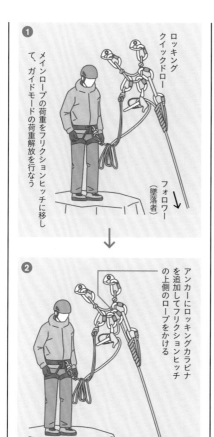

① ロッキングクイックドロー

メインロープの荷重をフリクションヒッチに移して、ガイドモードの荷重解放を行なう

フォロワー（墜落者）

② アンカーにロッキングカラビナを追加してフリクションヒッチの上側のロープをかける

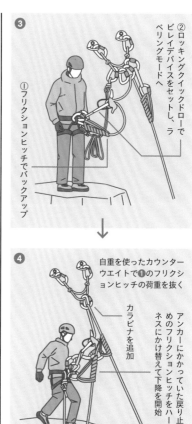

③ ②ロッキングクイックドローでビレイデバイスをセットし、ラペリングモードへ

①フリクションヒッチでバックアップ

④ 自重を使ったカウンターウエイトで①のフリクションヒッチの荷重を抜く

カラビナを追加

アンカーにかかっていた戻り止めのフリクションヒッチをハーネスにかけ替えて下降を開始

状況に応じたトラブル対応を

　セルフレスキューの具体的な対応のすべてを紹介することは難しい。トラブルの状況、つまり負傷者の状態、墜落した位置、壁の傾斜、その場にあるクライミングギアなどによって、できることとやるべきことが異なるためだ。そこで、想定内容をラペリングの下降ライン変更、リードクライマーの負傷、フォロワーの負傷を例として紹介し、それぞれのセルフレスキューをフェーズと必要な技術項目に分類して解説した。これは、予測できないトラブルにはパターン化した行動では対応できないことが多く、ゴールを見据え、フェーズを分類し、パーツとなる基礎技術を予測して、その場で組み立てる取り組みが不可欠だからだ。レスキュー技術というものがあるわけではなく、基礎技術の応用と組み合わせだと最初に述べたのはこのような理由からだ。そもそもアルパインクライミングというゲーム自体が、パターン化された行動ではなく、状況に応じた判断、行動が求められるものだ。経験を積み重ねることで「登山脳」が培われ、それがセルフレスキューの組み立てに役立つのだ。

セルフレスキュー

　登山は自分たちの意思と行動によって開始される。だから下山も自分たちで行ない、活動を完結させることが原則だ。その自力下山の原則に基づいて考えると、行動中にチームの仲間が負傷した場合、医療機関に搬送するか救助組織へ引き継ぐまでを目標と定め、登山活動の一環として救助しなければならない。

　事故が発生した時点で「登頂と無事下山」という目標が「確実な搬送」に置き換わりはするが、登山活動が終わったわけではない。もちろん負傷者を動かせないような状態であれば、速やかに救助要請をして現場付近で待機するしかないこともあるだろう。しかし、本来はどのようなトラブルに見舞われても、自分たちで解決し登山を完遂する覚悟をもって取り組む、これが登山に挑む者の心得といえる。

　右のイラストのような状況を想定し、セルフレスキューの流れや必要となる技術について考察してみよう。ここで紹介するセルフレスキューに必要な技術の訓練には大きなリスクを伴う。これらを練習する場合は、必ず熟練者や山岳ガイド、クライミングインストラクターの指導のもとで行なうべきだ。

セルフレスキューのフローチャート

セルフレスキューも他の登山行動と同様、定められた正解があるわけではない。そのためパターン化した行動は禁物。クリティカルシンキング[*1]によって、その状況における最適解[*2]を導き出すことが重要なポイントだ。

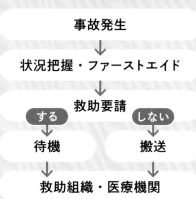

事故発生	▶	事故が起きた場合、まず発生時刻を確認。以後、経過時間も重要な要素になる
状況把握・ファーストエイド	▶	状況を把握し、被害の拡大と情勢悪化を防ぐ。負傷者のファーストエイドを行なう
救助要請 する／しない	▶	自分たちで搬送を完結できない場合は速やかに救助要請を。そして救助組織の指示に従う
待機 **搬送**	▶	救助組織到着まで待機。搬送は確実な方法で行なう。いずれも負傷者の状態を観察し続ける
救助組織・医療機関	▶	発生した状況、容態の変化などを引き継ぎ時に報告できるよう、必要に応じてメモをとる

*1　批判的思考と訳されるが、実際は否定的な思考ではない。目標を明確にすること、問題をクリアにすること、その問題を解決するためのツールを示すことなど、状況分析と問題解決のための思考方法だ。
*2　いわゆる正解ではない。定められたパターンを実行するだけでは対応できない、変化する環境における行動指針となるもの。

セルフレスキューとメンタルマップ

まず、搬送完了地点とそこまでに必要となる技術と装備を明確にする。搬送経路を地形や想定されるリスクによってパートに分割。各パートの技術や注意点を推測して、レスキューシステムを構築する。その全体像が救助活動のメンタルマップとなる。

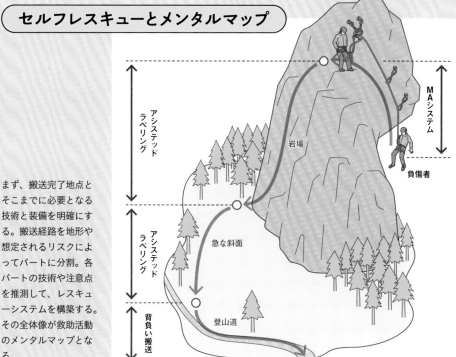

MAシステム

負傷者

アシステッドラペリング

岩場

アシステッドラペリング

急な斜面

背負い搬送

登山道

救助組織・医療機関へ

133

セルフレスキューに必要な技術

ずは、目的地と所要時間を出し、「確実な救出」を搬送の目標として掲げる。次に、搬送経路上にあるリスクを明確にする。そして、目的地到達に必要なクライミング技術を、状況に応じて使い分けてレスキューシステムを組み立てる。具体的な技術は手段であって、目的は救出であることを忘れてはいけない。

P133のメンタルマップを表わしたイラストのように、救助者より下にいる負傷者を上方に救出する場合はメカニカルアドバ

MAシステムの考え方

定滑車は力の向きだけが変わる。動滑車は力が2分の1に減り、距離が2倍に増えるという「仕事の原理」、ひと続きのロープにかかる力はどこでも同じという「張力一定の法則」を利用したもの。MAシステム＊はこれらの原理を利用して、小さな力で重い荷を引き上げるシステムだ。

3：1

引く力を1として、3の荷を上げられる

ひと続きのロープに定滑車と動滑車がそれぞれ1個ずつ入ったシンプルなものなので理解しやすい。MAシステムの基本となる。

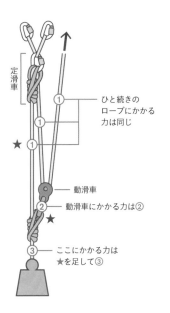

定滑車

① ひと続きのロープにかかる力は同じ

★

② 動滑車
動滑車にかかる力は②

③ ここにかかる力は★を足して③

5：1

引く力を1として、5の荷を上げられる

ひと続きのロープに定滑車と動滑車がそれぞれ2個あり、引く方向と荷が動く方向が同じ下の図は、シンプル5：1MAシステムという。

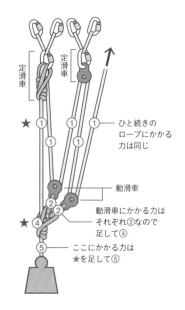

定滑車

① ひと続きのロープにかかる力は同じ

★

② 動滑車
動滑車にかかる力はそれぞれ②なので足して④

④
⑤ ここにかかる力は★を足して⑤

ンテージ（MA）システムを使う。これは
ビッグウォールクライミングで使われるホ
ーリング（荷揚げ）を応用したものだ。負
傷者が自力で下降できない場合は、救助者
が負傷者を支えながら下降するアシステッ
ドラペリングを行なう。

　水平方向またはそれに近い斜面を移動す
る場合、救助者が負傷者を支えながら歩く
か、背負うこともある。この場合、移動す
る方向に合わせてフィクストロープを設置
すれば転落防止に役立つだろう。

　いずれの技術も強固なアンカーがあって
こそ成立する。アンカーを構築・評価する
能力や、クライミング技術を応用する発想
は実際のアルパインクライミングの中で学
び、身につけていくものだ。特定の技術を
切り取り、形だけをまねても使えない。

＊　引くロープの長さと動くロープの長さの
関係をメカニカルアドバンテージ（MA）レ
シオ（比率）と呼ぶ。たとえば「1」の長さ
を動かすために「3」の長さを引く場合は
「3：1」となる。この原理を利用して人を引
き上げたり、ロープに張力を加えたりする。
これをメカニカルアドバンテージシステム
（MAシステム）という。

MAシステムの例

レシオは同じで構成が違う場合がある。荷が
動く方向と引く方向が同じ「シンプル」、そ
れが反対の「コンプレックス」、別のMAシ
ステムを組み合わせたときは「コンパウンド」
と呼ぶ。

コンプレックス
5：1

3：1システムの引く
ロープを動滑車で折
り返すことで5：1シ
ステムとしたもの。
引く方向が反対にな
るので理論値から離
れる傾向がある。

コンパウンド
5：1

3：1システムの動滑
車に2：1システムを
組み合わせることに
よって、5：1システ
ムとしたもの。比較
的、理論値に近い数
値となる。

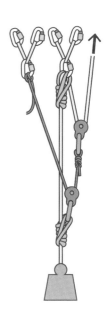

理論値と実際の値の違い

3:1MAシステムの場合、理論的には荷を100kgとすると、それを引き上げるのに必要な力は33kg。しかし折り返し部分に使うギアの摩擦や巻きつけ角度の影響などによって実際は理論値と等しくはならない。

↑ 33kg

100kg

理論値

3:1MAシステムの場合、荷を100kgとすると、「仕事の原理」と「張力一定の法則」から、引く力は33kgとなる。

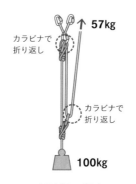

カラビナで折り返し

カラビナで折り返し

↑ 57kg

100kg

カラビナの場合

確保理論で説明した巻きつけ角度と摩擦の影響を受ける。荷を100kgとした場合、引く力は57kgとなる。比率はおよそ1.8:1となり、理論値から離れる。

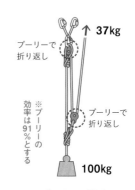

プーリーで折り返し

プーリーで折り返し

※プーリーの効率は91%とする

↑ 37kg

100kg

プーリーの場合

効率91%のプーリーを定滑車と動滑車に使った場合、荷を100kgとすれば引く力は37kgとなる。これはおよそ2.7:1となり、理論値に近くなる。

アシステッドラペリング

負傷者が自分でロープコントロールができない場合に、負傷していないパートナーと一緒にラペリングすること。注意すべきは、アンカーが2人分の荷重に耐える強度であること、ギアが個人保護用具*であること、救助者がロープコントロールを確実に行なうことだ。

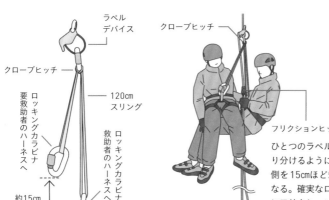

ラベルデバイス

クローブヒッチ

クローブヒッチ

ロッキングカラビナ 要救助者のハーネスへ

120cmスリング

ロッキングカラビナ 救助者のハーネスへ

約15cm

フリクションヒッチ

* パーソナル・プロテクティブ・イクィップメントの頭文字をとって、PPEと呼ばれる。ロープ、ハーネスなどのクライミングギアもこのカテゴリーに入る。個人つまり1人の体重、体格が基準となっており、2人分の荷重は想定されていない。

ひとつのラベルデバイスにスリングを振り分けるようにしてセットする。負傷者側を15cmほど短くすると操作しやすくなる。確実なロープコントロールのためにフリクションヒッチで必ずバックアップする。

フィクストロープ

水平方向の移動の場合、斜面下方に転落することを防ぐ手立てとしてフィクストロープを設置し、ハーネスにつないだランヤードをこのロープにかけて搬出することがある。充分な強度のある立ち木をアンカーとして利用する場合を例に、手順を紹介しよう。

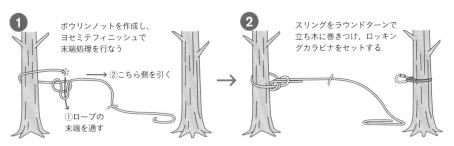

① ボウリンノットを作成し、ヨセミテフィニッシュで末端処理を行なう

②こちら側を引く

①ロープの末端を通す

まずロープの末端を立ち木に巻きつけて、イラストの要領でボウリンノットをつくる。

② スリングをラウンドターンで立ち木に巻きつけ、ロッキングカラビナをセットする

末端処理を行ない、結び目をきつく締める。もう一方の立ち木にラウンドターンさせたスリングにロッキングカラビナをかける。

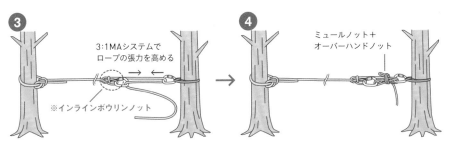

③ 3:1MAシステムでロープの張力を高める

※インラインボウリンノット

インラインボウリンノットにかけたロッキングカラビナと立ち木のロッキングカラビナで3:1MAシステムをつくり、ロープの張力を高める。

④ ミュールノット＋オーバーハンドノット

カラビナリリースヒッチを使ってロープの動きを止める。ミュールノットで固定したあと、オーバーハンドノットでバックアップする。

※インラインボウリンノットのつくり方

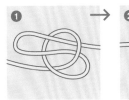

①

末端が立ち木に固定されているストランドにループをつくり、そのループの下からバイトを通す。

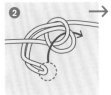

②

末端が立ち木に固定されているストランドにバイトをかけて、折り返すように最初につくったループの上から通す。

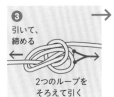

③ 引いて、締める

2つのループをそろえて引く

イラストの赤丸で指した箇所のループを合わせて、長さが同じになるようにして一緒に引く。

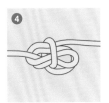

④

結び目をしっかりと締め込む。2つそろったループにカラビナをかける。

クリティカル シンキングと最適解

セ ルフレスキューはあらゆる登山活動と同様、あらかじめ定められた正解

はない。「こういうときはこの技術を使う」など、思考がパターン化していると、何が問題なのかさえ明確にすることはできないだろう。講習会などで表面的な技術を学んでみても、「知っている」という安心感がかえって危機意識を小さくする結果につながりかねない。本当に必要なのは、行動の目的を明確にできること、理想の状態と現在の状況を比べ、直面している問題点を切

搬送の方法

負傷者を背負って搬送する方法はいくつかあるが、バックパックとシェルジャケットを使った方法を紹介しよう。セルフレスキューは

救助組織へのつなぎである。長い距離を背負って搬送されることは負傷者にとって負担になることを忘れてはいけない。

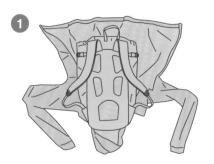

1 雨具などストレッチ性のないシェルジャケットを逆さにして広げる。その上に中身を抜いたバックパックを載せる。

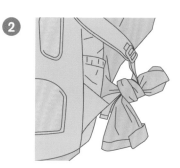

2 ジャケットの袖をバックパックのショルダーハーネス下部にスリップノットできつく締める。袖の付け根がパックにつくくらいがよい。

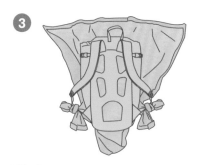

3 両方の袖をパックに結んだら、ジャケットを広げて、負傷者をパックとジャケットで挟むようにして収める。腰かけるとやりやすい。

120cmスリング。こぶをクローブヒッチでとめる

グローブなどを入れてこぶをつくる。左右1つずつ

4 ジャケットを持ち上げて、負傷者をぴったりと包み込む。グローブなどで背中側にこぶをつくり、スリングをクローブヒッチでとめる。

り分けられること、そしてその問題点を解決するためのツール（知識、技術や装備）を備えていることだ。このような思考、つまりクリティカルシンキングに基づいて最適解を導き出すことが、危機的状況からチームを救うことにつながっていく。

そしてこれはアルパインクライミングというゲームの本質でもある。RCCの水野祥太郎は「物見遊山と真のアルピニズムの間には隔たりがある」と言った。その隔たりは、ただその場所を訪れたことを言いたいだけなのか、それとも、状況に応じてクリティカルシンキングによる最適解を求めるゲームとして登山を楽しんでいるのかという点である。登山脳をもち、アルピニズムを胸に秘めて登山に取り組むことこそが、登山者のネクストステージ、つまりアルピニストとしての始まりなのだ。

すべての基礎となる体力づくり

バリエーションルートを登る場合は、通常装備のほかにクライミングギアを運ぶ。過去に比べ装備が軽くなったとはいえ、ルートやエリア、日数によっては初日の重量が25kg程度になることもある。これを担ぎ上げ、運ぶことができる足腰の強さは、高度な技術を支える基礎となる。歩行技術の熟練度を高めていくのにおすすめしたいのが歩荷訓練で、足腰や体幹を鍛えることができるので、ボディテンションを求めら

れる場面にも役立ち、フラットフッティングや軸足で腰骨を支え運ぶ歩き方も身につく。

重い荷物を担ぎ上げる力が基礎となり、さらに長時間歩く持久力を身につけて、その上に岩稜などをこなす技術が積み上げられる。ひいては、事故の引き金となる転倒や滑落などを防止することにもつながる。基礎体力は一朝一夕に得られるものではない。地味ではあるが、基礎体力をつけることにも時間をかけてほしい。

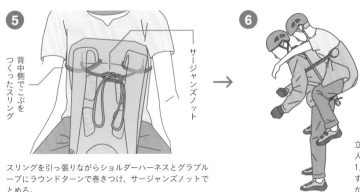

⑤ 背中側でこぶをつくったスリング / サージャンズノット

スリングを引っ張りながらショルダーハーネスとグラブループにラウンドターンで巻きつけ、サージャンズノットでとめる。

⑥ 立ち上がるときは2〜3人にサポートしてもらう。1人で長い時間がんばらず、数人で交代するほうが確実で安全である。

基本のロープワーク

ボウリンノット

古くはブーリン結びと呼ばれていた。ボウラインと呼ばれることもあるが、発音はボウリンが近い。素早くつくれて、ループが締まらないことが特徴。ランニングエンドが抜ける危険性があるので、必ず末端処理を行なうこと。

ボウリンノット・ヨセミテフィニッシュ

ボウリンノットのランニングエンドが抜けるリスクを回避するために、さまざまな末端処理（フィニッシュ）が考案された。ヨセミテフィニッシュもそのひとつ。エンドをロードストランドに沿うようにフォロースルーする。

ボウリンノット
（立ち木などにつくる場合）

ボウリンノットは自分の体に巻きつけるようにつくって覚えることが多い。そのため立ち木などにつくろうとすると、つくり方がわからなくなることがある。この方法も覚えておけば、あわてずに済むだろう。

❶
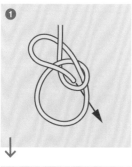

↓

❷ 末端処理を行なう

↓

❸
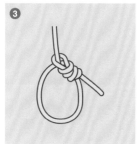

❶
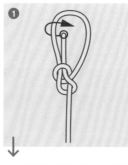

↓

❷
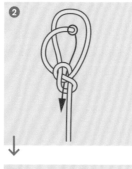

↓

❸

❶
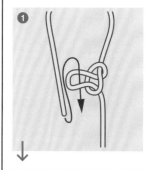

↓

❷
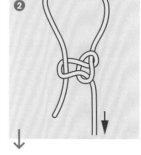

↓

❸

末端処理を行なう

第2部では、クライミングシステムを解説するにあたって必要なロープワークを紹介してきたが、ほかにも多用できる基本のロープワークがある。いくつか紹介するので使いこなしてほしい。

バーミンガム・ボウリン

ボウリンノットの末端を長くして、ループの巻き数を増やす結び方。ループを増やす利点は、高荷重時にロードストランドが締まりにくいこと、ループが伸びにくいことだ。インラインボウリンに似ているが巻き方は逆方向。

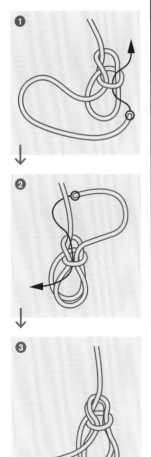

バタフライノット

アルパインバタフライと呼ばれることもある。ロープの途中にループが必要な場合に使う。両側から引っ張れることや、結び目による強度低下が少ないことが特徴だ。用途に応じてループの長さを変化させることができる。

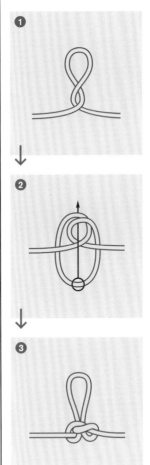

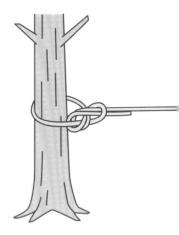

立ち木にフィクスロープを設置するときには、ボウリンノットを利用する（P137）

141

シートベンド
（ロープでつくる場合）

ひとえ継ぎ、ひとえつなぎとも呼ばれ、古くから使われている。バイトにロープを絡め、ロードストランドでランニングエンドを押さえつける構造。径が異なるロープをつなぐときにも使える。その場合は太いほうでバイトを作成する。

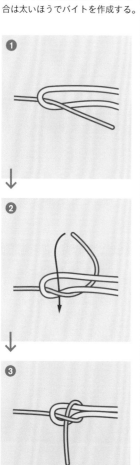

シートベンド
（スリングでつくる場合）

セルフレスキューなどでソウンスリングを利用してチェストハーネスをつくることがある。この結び方はそういった場合に使う。ループを引っ張っても、結び目が締まっていかないので胸部を圧迫しないのが利点だ。

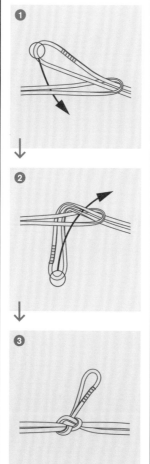

ダブルシートベンド
（ロープでつくる場合）

シートベンドのランニングエンドを二重にして、抜けにくくした結び方。より確実につなぎたい場合に使う。ランニングエンドにダブルフィッシャーマンズノットでバックアップすれば、さらに確実性が増す。

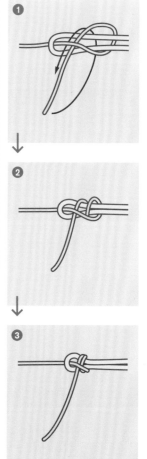

ツーループ
フィギュアエイト

フィギュアエイトオンア
バイトの要領でつくり、
最後の手順でバイトを結
び目全体に被せるように
処理する。フィクストロ
ープとしてロープをアン
カーにつなぐ場合などに
有効。スリングを使わず
にツーポイントのアンカ
ーにかけることができる。
ループの長さは調整可能。
ダブルループフィギュア
エイト、ダブルフィギュ
アエイト、バニーイヤー
という別名がある。

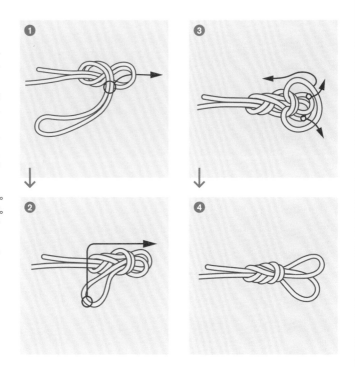

ロープワークの知識はクライミングシス
テムの組み立てに有効であるのはもちろ
んのこと、セルフレスキューやトラブル
対応時におおいに役立つ。基本のロープ
ワークを習得したら、さらに違う結び目
も覚え、技術の幅を広げておきたい

ロープワーク・アドバンスドテクニック

ロープワークの基礎は、ロープと他のものを結びつけたり、ロープ同士をつないだり、ビレイやラペリングに使ったりすることである。基礎に加え、その確実性を高めるためのアドバンスドテクニックとして、フリクションヒッチとロードリリーシングヒッチ(LRH)を中心に紹介したい。

フリクションヒッチの役割は、ロープの特定の箇所を固定したり動かしたりすることだ。ロードリリーシングヒッチの役割は、荷重(ロード)を緩やかに解放(リリース)し、別のヒッチなどに移行させることだ*。これらのテクニックには数種類の異なる結び方があるが、ロープの状態や径(太さ)、想定される荷重や運用する技術の目的で使い分ける。フリクションヒッチとロードリリーシングヒッチについても、他の登山技術と同様に、ひとつの決まったパターンを覚えるのではなく、目的に応じて必要な機能を満たした結び方を選び出すことを心がけたい。

---

* 結び目に荷重をかけると解けなくなるため、LRHで移行した荷重を引き受ける箇所にも、このシステムを利用する。

フリクションヒッチの構造と使用目的

フリクションヒッチは、メインのロープに別のコードを巻きつけるか、または同一のコード本体に巻きつけて作成する。巻きつけた箇所を締め込んだときの摩擦（フリクション）でメインのロープの動きを止めたり、締め込んだ箇所を引いてロープを動かしたりできる。緩めれば、ヒッチの影響を受けずに自由に動かすことができる。

フリクションヒッチが利いた状態

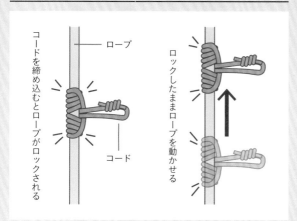

コードを締め込むとロープがロックされる

ロープ

コード

ロックしたままロープを動かせる

緩んだ状態

緩めるとロープだけがコードの中を動く

ロードリリーシングヒッチ（LRH）の構造と使用目的

ロードリリーシングヒッチ（LRH）はロード（荷重）を加える動きと連動している。フリクションヒッチなどを使って固定している荷重をゆるやかに抜くことがこのヒッチの目的だ。高荷重の場合、ノットで結べば解けなくなることがあるため、カラビナなどに巻きつけたり、ムンターヒッチを併用したりして作成する。

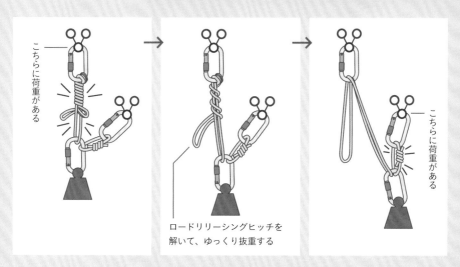

こちらに荷重がある

ロードリリーシングヒッチを解いて、ゆっくり抜重する

こちらに荷重がある

フリクションヒッチの種類と特性

使用例

フリクションヒッチを使ったシステムの代表例はMAシステムだ。傾斜の強い斜面で負傷者を引き上げるレスキュー技術として使われている。プーリーとフリクションヒッチを使い、ロープを固定して引き上げたり、荷重でロープが下に引かれるのを止めたりする。フリクションヒッチの基礎や利き具合を覚えるのに適した教材といえる。

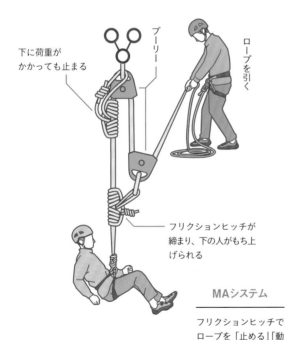

プーリー

ロープを引く

下に荷重が
かかっても止まる

フリクションヒッチが
締まり、下の人がもち上
げられる

MAシステム

フリクションヒッチで
ロープを「止める」「動
かす」をコントロール
する。

プルージックヒッチ
（オリジナル）

考案者であるカール・プルージック博士の名を冠した、フリクションヒッチの代名詞的存在。片手でできることが特徴。メインのロープをグリップする力が強い。コードを内側に3〜4回巻きつけて作成する。

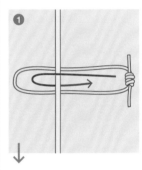

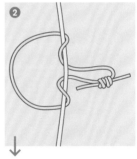

ここを引くと
締まり、
固定される

プルージックヒッチ（ブリッジ）

オリジナルのプルージックヒッチが結び目を内側に巻いていくのに対し、こちらはコードのつなぎ目は外に出して、残りを内側に巻きつけていく。オリジナルとの違いは荷重後の締め込みを緩めやすい点だ。

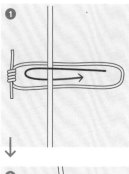

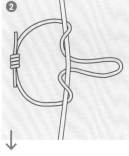

ここを引くと
締まり、
固定される

オートブロック

ラペリング時のセイフティバックアップなど他のデバイスと併用されることが多い。ヒッチの締め込みと解放が簡単にできることが特徴。強い力でグリップする必要があるときは、他の方法が適している。

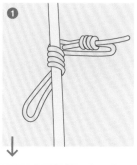

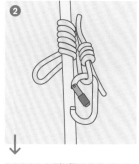

カラビナを
引くと締まり、
固定される

クレムハイスト

オートブロックから変形して移行させることもできる。強い力でロープをグリップする半面、解きにくいといった特徴もある。ヒッチが有効な向きがあるので、使うときはどちらに引かれるかを決めてから運用する。

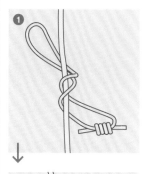

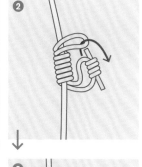

カラビナを
下方向に
引くと締まる

プロハスカヒッチ

この結び方はコードの末端を使ってつくることができる。メインのロープを強くホールドするのが特徴。ハインツ・プロハスカが紹介したフリクションヒッチのひとつ。ちなみにもうひとつはブレイクスヒッチとして広まっている結び方。

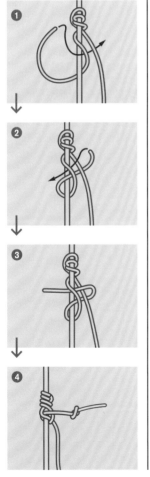

ブレイクスヒッチ

ブレイクスヒッチは、巻きつけるコードとメインロープの径の太さが近い場合でも効果が得られる。またコード末端を利用して作成するので、同一コードに巻きつけてつくったり、余長を別の用途に利用したりも可能。

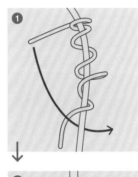

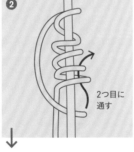

2つ目に通す

ダブルフィッシャーマンズノットでバックアップ

ヘリカルヒッチ

ブレイクスヒッチ同様、1本のコードで作成するのでコードの余長を別の用途に利用できる。4〜5回巻きつけたあとボウリンノットでとめるので手間がかかりそうだが、イラストの手順でつくると簡単にできる。

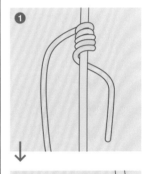

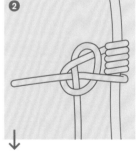

ボウリンノット

*　フリクションヒッチの後半に、メインロープに交差させながら巻きつけることをトレッセと呼ぶ。トレッセはフランス語、英語ではトレスという。これ単体で使われることはなく、他のヒッチと併用される。マシャートレッセ（マシャートレス）やヴァルドタイン・トレス（通称VT）などがその代表例。

ヴァルドタイン

シングルレッグと呼ばれる両末端にループがあるコードを使う。メインロープに巻きつけてレッグにカラビナをかけるというシンプルな構造だ。両末端をさらに交差して巻きつけるとヴァルドタイン・トレスとなる。

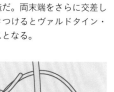

↓

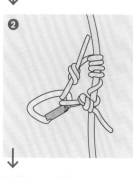

↓

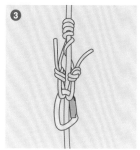

トートラインヒッチ

このヒッチはクライミング用途ではなく、テントのガイラインのテンションを調節するのに使う。径の太さが同じでも効果的に機能する。これを覚えておくと、ラインロック（自在）がないときも安心だ。

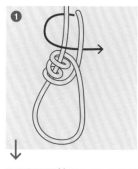

↓

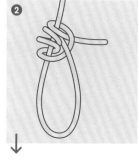

↓

マシャートレッセ*

これもオートブロックからの変形が可能。オートブロックよりもグリップ力がある。オートブロックを作成し、利きが悪い場合にコードを交差させながら編み込んでカラビナをかける。結びが長くなるのが難点。

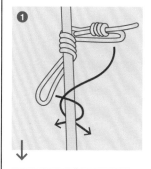

↓

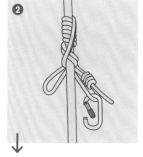

↓

カラビナを
下方向に
引くと締まる

ロードリリーシングヒッチの種類と特性

使用例

ロードリリーシングヒッチはロード（荷重）を移し替えるときに知っておくべき技術だ。墜落によって負傷し行動不能のリードクライマーを救助しなくてはならない状況において、ロワリングできるロープの長さがなく、ビレイヤーがビレイデバイスの荷重を解放し脱出したい場合は、このヒッチを使う典型的な状況といえる。

ビレイヤーの脱出

フリクションヒッチとロードリリーシングヒッチを併用してビレイデバイスの荷重を抜いて、脱出する。

クレムハイスト

マリナーズヒッチ

ムンター・マリナー・オーバーハンド（略してMMO）でメインロープを固定する

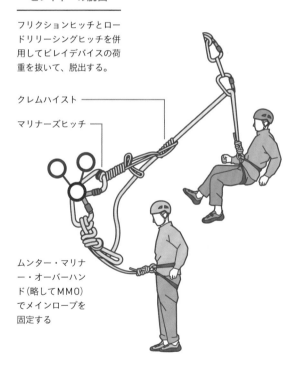

マリナーズヒッチ

ロードリリーシングヒッチの代表。スリングをカラビナのスパイン側に2回巻きつけたあと、張力の入っているスリングに3〜4回巻きつけていく。末端は結びつけずに張力の入っているスリングに挟み込む。

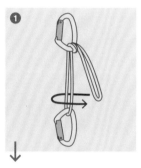

↓

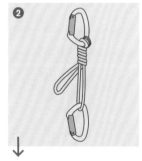

↓

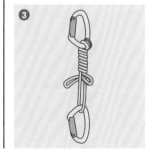

ムンター・マリナーズヒッチ

カラビナに2回巻きつけるパートをムンターヒッチに置き換えて操作の確実性を高めたもの。ロードリリースはこちらのほうがコントロールしやすく、スリングが滑りやすい素材のときや荷重が大きい場合などに使う。

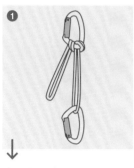

↓

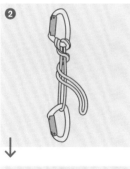

↓

カラビナ・リリーシングヒッチ

カラビナにねじりを加えながら3〜4回かけていくだけのシンプルな構造。スリング、コード、ロープなどで利用できる。汎用性に優れ、ロードリリースもコントロールしやすい。末端はツーハーフヒッチでとめる。

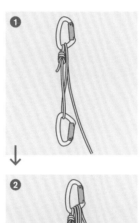

↓

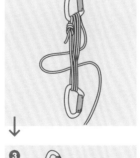

↓

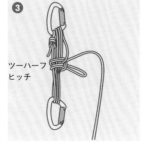

ツーハーフヒッチ

リードクライマーのトラブル対応で紹介した「カウンターラペリングの手順（P127）」でも、ガイドモードの解除にLRHを使用している

オポジション（例1）

トラッドルートでラインが大きく傾いている場合や傾斜が変化する場合、ロープの動きによってカムデバイスが岩から引き剥がされるのを防ぐ技術。ウエッジと同じ方法でつくるがスリングの長さで巻きつけ方が変わる。

❶ 折り返してムンターヒッチ

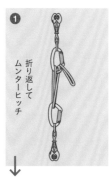

❷ 交差させて折り返しを数回繰り返す

❸

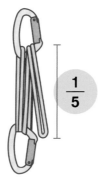

$\dfrac{1}{5}$

スリングの長さの5分の1程度であれば、ムンターを1回つくり、その後はカラビナ・リリーシングヒッチの要領で交差させて仕上げる

オポジション（例2）

対向してセットしたウエッジ（ナッツ）などを安定させる技術。一方のカラビナにかけたスリングを他方で折り返し、もとのカラビナにムンターヒッチをつくる。そのあとムンターヒッチを追加する要領で巻きつけていく。

❶ 引く

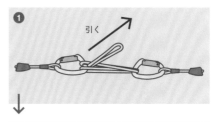

❷ ムンターヒッチ

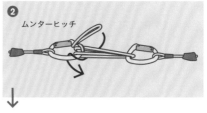

❸ さらにムンターヒッチ

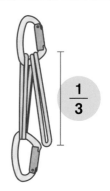

$\dfrac{1}{3}$

スリングをかけたときにカラビナ間の長さを測る。スリングの長さの3分の1程度であれば、ムンターを3回重ねるくらいがちょうどよい

ラディウム・リリースヒッチ

カーク・マウトナーによって紹介されたLRH。長さ10mの7〜8mm径ナイロンコードあるいは5.5mm径ケブラーコードを使う。3回目の折り返し点でムンターヒッチを加える。2つのカラビナの間は10〜15cmのものが基本型。

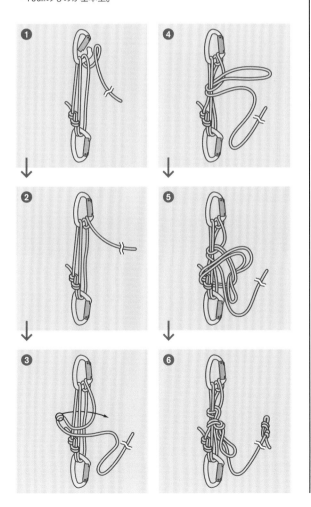

153

クライミングのカテゴリー

マウンテニアリングには、険しい岩場における行動やロープを使った墜落への備えが必要だと述べた。これはロッククライミングがマウンテニアリングに含まれることを意味する。ロッククライミングについてリト・テハダ・フローレス[*]は表のように7つのゲームに分類した。フローレスは論文の中で「ロッククライミングとは異なるゲームの集合体だ」と述べ、それぞれのカテゴリーの独立性を示した。そして、これらのゲームに優劣をつけることに意味はない、としている。

ただし、登山においてトレッキングを充分経験してからマウンテニアリングをめざすのと同様に、システムを理解するという意味で、シングルピッチのクラッグクライミングを充分に行ない、プロテクション技術やビレイ技術を高めることから始めたい。その経験を踏まえた上で4ピッチ以上のマルチピッチクライミング、つまりコンティニュアスロッククライミングに進んでいこう。ここではアンカー構築や連続する懸垂下降について経験を積みたい。そして、ようやくアルパインクライミングの世界へ入る準備が整ったといえる。登山やクライミングにおいて経験の飛躍はない。

クライミング「ゲームの定義」 リト・テハダ・フローレスの分類

ゲームの分類	対象	スタイル
ボルダリング	ボルダー（巨岩）	フリークライミング
クラッグクライミング	クラッグ （3ピッチまでの岩場）	フリークライミング （ビレイあり）
コンティニュアス ロッククライミング	4ピッチ以上のルート	フリークライミングと エイドを許容
ビッグウォール クライミング	数日を要する ビッグウォール	フォローの ユマーリングを許容
アルパイン クライミング	雪・岩・寒気など	スタイルよりも 環境を重視
スーパーアルパイン クライミング	かつてエクスペディション の対象だったルート	スタイルと環境の 双方を重視
エクスペディション	辺境や未開のルート	環境を重視

[*] 1967年、26歳のときに『アッセント』誌に「Games climbers play」を寄稿。彼自身、革新的なクライマーで、グレード5が上限だった時代に「グレード6」を提唱したひとり。パタゴニアのフィッツロイにも新ルートを拓いている。

エクスペディション

文明圏から隔絶され、人跡未踏のエリアでの登山活動を指す。現在はそのようなエリアや山域は少なくなっている。

コンティニュアス
ロッククライミング

4ピッチを超えるルートのクライミング。ピッチが連続するということから「コンティニュアス」と名づけられた。

ボルダリング

ロープによる確保が必要とされない岩塊を登る、最もシンプルなゲーム。高さ5mほどを超える困難な課題はハイボールと呼ばれる。

第3部

ルートガイド

全15ルートを紹介する。トレーニングルート3本は初級者におすすめのものを、その他の12本は挑戦しがいのある名ルートを選出した。

アルパインクライミング・ルートガイド

山岳エリアのバリエーションルートに挑むときに忘れてはならない重要なことがある。それは、各ピッチの技術的難易度だけでなく、アプローチや環境などを含めた総合的な視野でプランニングを行ない、そのプランを基準に進捗を把握しながら行動するということだ。プランニングでは、技術や装備の見積もりや行動時間の予測を入念に行なう。それをメンバー全員で共有しておくことはいうまでもない。またメンバーの登攀意欲がそろっていることも不可欠な要素といえる。

山岳エリアは地理的に隔絶されており、目標のルートに至るまでのアプローチや下山経路も含めると行程は長くなる。また標高差があるので、気温や環境の変化も大きい。これらの変化に備えた装備やクロージング・システムが必要となる。急な気象の変化などに対応するためにも時間のゆとりはほしい。そのため常に早朝に出発し、日没までの限られた時間を有効に活用できるようにする。行動計画に対して時間的余裕があると精神的なゆとりも生まれる。このゆとりがあれば、冷静な判断や的確なプラン変更も可能となる。

確実に行動し、行動時間を短縮するためには、クライミング技術を高めておくだけでは不十分といえる。浮き石など危険要因を見極める観察力、素早く強固なアンカーを構築する手際のよ

さ、サイマルクライミングからピッチクライミングまたはその逆などのシステムの切り替えが迅速にできるなど総合的な能力を備えておかなくてはならない。細かなミスであっても度重なれば、それを修正する時間の蓄積は行動全体に大きな影響を及ぼすこともあるので、なるべくミスを起こさない正確な動作を身につけておくことも大切だ。

アルパインクライミングの総合力を身につけるのは、一朝一夕にはいかないだろう。しかし、ステップを重ねながら成長していくことは、自信ある判断の裏づけとなる。手応えのある経験を積みながらクライマーとしての成長を楽しんでほしい。

紹介ルートについて

登山技術の学習とルートへの挑戦は、登山者としての完成度を高める両輪といえる。入門者のトレーニングに適したアプローチしやすいルートから、アルパインゾーンのルートを無積雪期、積雪期、残雪期に分けて選んだ。ステップアップに役立ててほしい。

トレーニングルート	①	小川山 ガマルート	多くのクライマーがこのルートでマルチピッチの洗礼を受けたのではないだろうか。ぜひ挑戦しておきたいルートだ
	②	小川山 野猿返しルート	自然物を利用したアンカー構築や地形に応じたロープワークなど、岩稜の基礎を身につける、または試すには格好のルートといえる
	③	御在所岳 前尾根	交通機関のアクセスがよく、アプローチしやすい。サイマルクライミングとピッチクライミングの切り替えを学ぶのによいルートだ
無雪期	①	北穂高岳 東稜	入門者が挑戦するには、ちょうどよい長さと困難度といえる。またバリエーションルートの緊張感を知るためにも登っておきたい
	②	前穂高岳 北尾根	歴史的にも有名なバリエーションルートの代表格。ルートファインディング能力が問われる箇所も多い。ある程度、力をつけてから挑みたい
	③	龍王岳 東尾根	室堂から近く、コンパクトながら岩稜クライミングの要素が多く詰まった好ルートだ。剱岳バリエーションの前哨戦として適している
	④	剱岳 源次郎尾根	頂上に突き上げる豪快なルート。この山のバリエーションルートのなかでは入門クラスになる。まずは源次郎尾根で剱岳バリエーションデビューだ
	⑤	剱岳 八ツ峰	源次郎尾根に比べるとルートファインディング、技術的要素は高度になる。源次郎尾根が問題なく登れるようなら挑戦してもよいだろう
	⑥	剱岳 本峰南壁A2	このルートはクライミング要素が強い。不安定な岩の処理などの岩稜経験とクライミング技術を備えたチームが挑むテストピースといえる
積雪期	①	阿弥陀岳 北稜	八ヶ岳バリエーションの入門的ルート。入門とはいえ、ナビゲーション能力が試される好ルートだ。登頂後のルートファインディングは特に重要
	②	赤岳 主稜	八ヶ岳バリエーションでは最もポピュラーといえる。雪稜、岩稜の確実なクライミング技術や、雪の状態を見極める観察力が試されるルート
	③	大山（伯耆富士） 弥山尾根	積雪期の北壁は厳しい。深い雪、難しいルートファインディングなど冬山の醍醐味を味わえる。メンバーの力量を高めてから挑戦したい
残雪期	①	宝剣岳 サギダル尾根	コンパクトにバリエーションルートの要素が凝縮した好ルート。明るく開けており、景観も楽しめる。風が収まる残雪期に登りたい
	②	明神岳 東稜	このルートのおもしろさはワンデイで標高差1300mを一気に詰めて、下降するところにある。スムーズな技術の切り替えを身につけ、充分な体力で挑もう
	③	剱岳 源次郎尾根	急な雪壁、リッジ、雪の見極め、スピーディーな行動など、残雪期ルートの要素がすべてそろっているといってよい。力のあるチームで挑戦したい

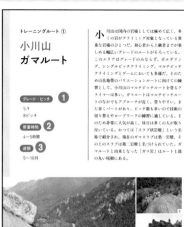

トレーニングルート ①

小川山 ガマルート

グレード・ピッチ ①
5.9
8ピッチ

所要時間 ②
4〜5時間

適期 ③
5〜10月

小川山は国内の岩場としては極めて広く、多くの岩がクライミング対象となっている貴重な岩場のひとつ。初心者から上級者までが楽しめる幅広いグレードのルートがそろっている。このエリアはグレードのみならず、ボルダリング、シングルピッチクライミング、マルチピッチクライミングとゲームにおいても多様だ。そのため山岳地帯のバリエーションルートに向けての練習として、小川山のマルチピッチルートを登るクライマーは多い。ガマルートはマルチピッチルートのなかでもアプローチが近く、登りやすい。また歩くパートがあり、ピッチ数も多いので技術の切り替えやロープワークの練習に適している。そのため非雪に人気が高く、休日は多くの人が取り付いている。かつては「スラブ状岩壁」という名称で紹介され、現在のガマスラブは第一岩壁、その上のスラブは第二岩壁と名づけられていた。ガマルートと由来となった「ガマ岩」はルート上部の丸い尾根にある。

プランニング ④
ベースとなるのは廻り目平キャンプ場が一般的だろう。スラブ状岩壁は西股沢に沿った林道を南西方向に進て、金峰山荘から650mほど進むと、向かって右手にガマスラブが見える。下降は、岩壁頂上付近からラペリングする。その後、岩壁基部の踏み跡をたどって下る。

金峰山荘・廻り目平キャンプ場
http://w2.avis.ne.jp/~mawarime/

参考タイム
ガマスラブ基部（コル時間）／スラブ状岩壁上（1時間）ガマスラブ基部／合計4〜5時間

装備 ⑤
ロープ（ハーフロープ50m×2本が一般的）、カムデバイス（1セット）、クイックドロー×5、アルパインクイックドロー（60㎝×2、120㎝×2）、コードレット×2

アドバイス ⑥
2018年の台風24号によってスラブ基部の木々がなぎ倒された。日本フリークライミング協会（JFA）によって樹木処理が行われ、2019年9月末から登れるようになった。そのためガマスラブのアプローチは以前よりも少し先に進んでから岩壁に向かうようになっている。

160　161

① グレード・ピッチ

グレードはルート中の最難度を示した。山岳エリアのルートに挑戦する場合、ルート中の最難ピッチグレードが限界グレードでは、挑戦するには時期尚早といえる。確実に登れるグレードが挑戦範囲の目安となる。

グレードは難易度の指標であるため統一されるのが望ましいが、クラシックルートはRCC Ⅱグレードが、1980年代以降のルートはデシマルグレードが使われていることが多く、混在しているのが実情だ。

② 所要時間

所要時間はルートの起点となる取付から頂上やルートの終了点までを示した。アプローチや下山経路にはいくつかの選択肢があり、どの経路を使うかによって時間は変わってくる。そのため、入山口からルートの起点までの時間や、ルートの終了点から下山経路に要する時間は含んでいない。

③ 適期

無雪期、積雪期、残雪期それぞれについて適した時期を示した。しかしこれらの時期については、あくまでも一般論であることを理解してほしい。昨今の気象の傾向からわかるとおり、その時点での気象条件や積雪状況を見極めて、挑戦可能かどうかを判断することが重要である。

④ プランニング

プランニングの注意点をまとめた。バリエーションルートの場合、すべてが計画どおりに進むことはあまりない。予期しないトラブルやルートファインディングのミスなどで予想以上に時間を費やしてしまうことは多い。トラブルからのリカバリーに必要な時間も考慮して、行動時間の見積もりは割り増ししておくべきだ。

⑤ 装備

すべてではないが、標準装備以外に必要になるものを示した。アルパインクライミングの装備は必要充分かつ最小限に抑えることがポイントとなる。ただし、アクセサリーコードやピトンなど、アンカーを補強する装備は必ず持参しておこう。スピード重視で軽量化するか、安全性を考慮して装備を手厚くするかのバランスはチームの力量に応じて調整する必要がある。そのため、標準装備に何をどのくらい追加するかは、同じルートでもチームによって異なる。

⑥ アドバイス

ルート上で目立った注意点を示した。山岳エリアの場合、岩がもろい、浮き石が載っている、プロテクションがとれないなどの技術的難易度以外の要素が加わる。やさしい箇所でも速やかに安定して通過できるような動きを身につけておくことは必須項目だ。

⑦ トポ

ルートの地形をわかりやすく表わしたもの。ルート中の核心部はもちろんのこと、目標となる特徴的な地形や、技術の切り替えとなるポイントはトポを見て記憶しておこう。行動中もチェックできるようにコピーをポケットなどに収納しておくとよい。

⑧ 概念図

ルート周辺の地図をもとに地形概念を大まかに表わしたもの。概念図作成の手間と時間が地形概念の把握に役立つので、地形概念から自作できるようになっておきたい。

無積雪期バリエーションルート装備の例

- ☐ アルパインパック
- ☐ マウンテンブーツ *1
- ☐ ヘルメット
- ☐ ハーネス
- ☐ ビレイデバイス
- ☐ HMSカラビナ（ビレイデバイスとセット）
- ☐ ロッキングカラビナ（ビレイデバイスとセット）
- ☐ ビレイグローブ
- ☐ フリクションヒッチ用コード
- ☐ ロッキングカラビナ（上記装備とセット）
- ☐ ロープ *2
- ☐ コードレット×2 *3
- ☐ ロッキングカラビナ×4（コードレットとセット）
- ☐ スタンダードカラビナ×4（コードレットとセット）
- ☐ アルパインクイックドロー
  （60cm×4、120cm×2）
- ☐ クイックドロー（15cm×3）
- ☐ ロッキングクイックドロー×2
- ☐ 各種プロテクション *4
- ☐ ロープクランプ
- ☐ ロッキングカラビナ（ロープクランプとセット）
- ☐ ヘッドランプ *5
- ☐ 予備バッテリー（ヘッドランプ用）
- ☐ ナイフ
- ☐ アクセサリーコード *6

*1 無積雪期でも、雪渓の状態によってはクランポンとアックスを用意する
*2 ロープはピッチの長さ、懸垂下降の長さによって選ぶ
*3 コードレットはアラミド繊維を使った5.5mm径を240cmのループにすると便利
*4 ルートによって、カムデバイスやピトンを用意する
*5 300ルーメン程度の明るさを推奨
*6 7mm径10m程度を用意する

積雪期バリエーションルート装備の例

- ☐ アルパインパック
- ☐ ウインターマウンテンブーツ
- ☐ アイスアックス *1
- ☐ クランポン
- ☐ ヘルメット
- ☐ ハーネス
- ☐ ビレイデバイス
- ☐ HMSカラビナ（ビレイデバイスとセット）
- ☐ ロッキングカラビナ（ビレイデバイスとセット）
- ☐ グローブ *2
- ☐ フリクションヒッチ用コード
- ☐ ロッキングカラビナ（上記装備とセット）
- ☐ ロープ *3
- ☐ コードレット×2
- ☐ ロッキングカラビナ×4（コードレットとセット）
- ☐ スタンダードカラビナ×4（コードレットとセット）
- ☐ アルパインクイックドロー
  （60cm×4、120cm×2）
- ☐ クイックドロー（15cm×3）
- ☐ ロッキングクイックドロー×2
- ☐ 各種プロテクション *4
- ☐ ロープクランプ
- ☐ ロッキングカラビナ（ロープクランプとセット）
- ☐ ヘッドランプ
- ☐ 予備バッテリー（ヘッドランプ用）
- ☐ ナイフ
- ☐ アクセサリーコード

*1 アイスアックスはルートの傾斜や雪の状態などによっては2本使用する
*2 グローブは保温性があり、ロープ操作ができるもの
*3 ロープの選択は無積雪期と同様
*4 ルートの状態によって、スノーピケットなどデッドマンアンカーを用意する

トレーニングルート ①

小川山
ガマルート

グレード・ピッチ

5.9
8ピッチ

所要時間

4〜5時間

適期

5〜10月

小川山は国内の岩場としては極めて広く、多くの岩がクライミング対象となっている貴重な岩場のひとつだ。初心者から上級者までが楽しめる幅広いグレードのルートがそろっている。このエリアはグレードのみならず、ボルダリング、シングルピッチクライミング、マルチピッチクライミングとゲームにおいても多様だ。そのため山岳地帯のバリエーションルートに向けての練習として、小川山のマルチピッチルートを登るクライマーは多い。ガマルートはマルチピッチルートのなかでもアプローチが近く、登りやすい。また歩くパートがあり、ピッチ数も多いので技術の切り替えやロープワークの練習に適している。そのため非常に人気が高く、休日は多くの人が取り付いている。かつては「スラブ状岩壁」という名称で紹介され、現在のガマスラブは第一岩壁、その上のスラブは第二岩壁と名づけられていた。ガマルートと由来となった「ガマ岩」はルート上部の丸い尾根にある。

1 スラブ状岩壁の頂上付近。このピッチは明るく開放的で、景色がよく、ルートのフィナーレと呼ぶにふさわしい　2 中間部、左のライン。スラブから右上するクラックに移る。バランスが求められるピッチだ　3 中央の左に突き出した岩が「ガマ岩」

プランニング

ベースとなるのは廻り目平キャンプ場が一般的だろう。スラブ状岩壁は西股沢に沿った林道を南西方向に進む。金峰山荘から650mほど進むと、向かって右手にガマスラブが見える。下降は、岩壁頂上付近からラペリングする。その後、岩壁基部の踏み跡をたどって下る。

金峰山荘・廻り目平キャンプ場

http://w2.avis.ne.jp/~mawarime/

参考タイム

ガマスラブ基部（3～4時間）スラブ状岩壁頂上（1時間）ガマスラブ基部 … 合計4～5時間

装備

ロープ（ハーフロープ50m×2本が一般的）、カムデバイス（1セット）、クイックドロー×5、アルパインクイックドロー（60cm×2、120cm×2）、コードレット×2

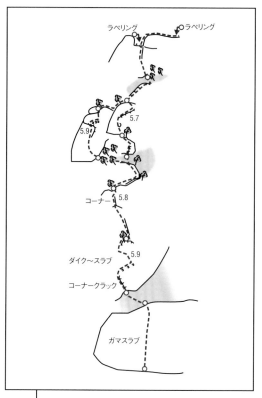

アドバイス

2018年の台風24号によってスラブ基部の木々がなぎ倒された。日本フリークライミング協会（JFA）によって倒木処理が行なわれ、2019年9月末から登れるようになった。そのためガマスラブのアプローチは以前よりも少し先に進んでから岩場に向かうようになっている。周辺には、まだまだ浮き石や不安定な倒木などがあるので注意が必要だ。1ピッチ目のガマスラブは左寄りのルートを選ぶのが一般的だ。ルート中の大きなスラブの岩はおおむねしっかりしているが、その間の歩けるパートには浮き石が堆積していたり、岩のもろい箇所があったりする。後続チームへの落石を防ぐためにも、岩の安定性を見極めながらホールドするように心がけたい。昨今の気象の傾向からいえることだが、夏季の夕立は激しいことがある。スタート時に晴れていても、天候急変に備えて雨具は持参しておこう。

トレーニングルート ②

小川山
野猿返し
ルート

グレード・ピッチ

5.7
9〜10ピッチ

所要時間

3〜4時間

適期

5〜10月

金峰山川の西股沢周辺の岩場が通称「小川山の岩場」と呼ばれて、多くのクライマーでにぎわうようになって久しい。実は、この小川山の岩場から尾根を隔てた東側、金峰山川東股沢沿いにも岩場が点在している。この周辺の岩場では1980年代初頭、ACC-Jや岩茸同人のメンバーによって、多くのルートが開拓された。雨降山（標高2156m）の山頂から北西方向に延びた尾根の末端は岩稜となり、東股沢の川に向かって切れ落ちている。開拓者たちはここを「雨降山西尾根末端壁」と名づけ、顕著な2本の岩稜を登った。西側の岩稜に開かれたルートは「野猿返しルート」、東側の岩稜に開かれたルートは「野犬返しルート」と名づけられた。そしてその後、数十年間、これらのルートは忘れられた存在となっていた。しかし2016年、山岳ガイドの篠原達郎氏と松原尚之氏によって野猿返しルートが再登されるや、改めて注目されるようになってきている。

１５〜6ピッチ目を上部から眺める。緊張感のあるナイフリッジが続く様子がよくわかる　２４ピッチ目。細かなアップダウンが連続して、高度感もある　３５ピッチ目のフェースを仰ぐ。このピッチと次のピッチは技術的な核心部だ

162

プランニング

小川山の岩場同様に廻り目平キャンプ場がベースになるだろう。キャンプ場から川上村方面に戻り、「キャンプ禁止」の看板がある分岐で大弛峠方面に入る。ここから1.8kmほど先の、道路がクランク状に曲がったあたりから東に向かう。この林道は季節や道路状況によって通行規制があるので注意すること。

参考タイム

林道（20分）ルート取付（3時間）ルート終了点（30分）林道 …………………………………… 合計3時間50分

装備

ロープ（シングルロープ50m×1本）、カムデバイス（1セット）、クイックドロー×2、アルパインクイックドロー（60cm×3、120cm×3）、コードレット（240cm×2）

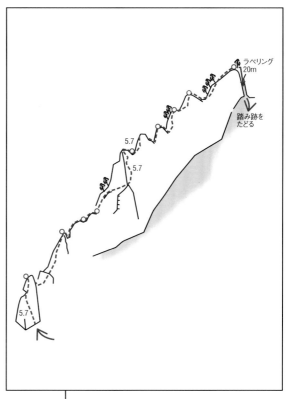

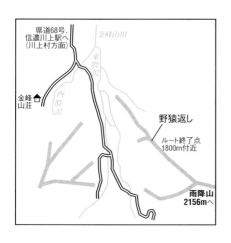

アドバイス

ルート中の残置支点は1本あるのみ。したがって、カムデバイスの使い方はもちろんのこと、立ち木や岩角を使ったナチュラルアンカーの構築に熟練していることが、このルートに挑戦するひとつの目安となるだろう。くれぐれも力量不足によるボルトの打ち足しのないようにしてほしい。グレードだけを見れば、難易度は高くはない。しかし、ルートファインディング能力やアンカー構築の技術、確実なロープワークなど総合的な要素がバランスよく求められる充実したクライミングとなることは間違いない。その分、山岳エリアのバリエーションルートへの重要なステップになるともいえる。装備欄にも書いたが、コードレットは有効なのでぜひ持って行きたい。

御在所岳
前尾根

グレード・ピッチ

5.7
9〜10ピッチと
サイマルクライミング
（※ラインによって、グレードとピッチ数は
変化する）

所要時間

5〜6時間

適期

5〜10月

　御在所岳はロープウェイで誰もが容易に山頂に立てる人気の山だが、その北面には巨大な花崗岩の岩場があり、クライマーの世界が広がっている。ここは藤内壁（とうないへき）と呼ばれ、中尾根、前尾根、一の壁などのエリアに分かれている。古くから東海地区や関西地区のクライマーがここで腕を磨き、世界の山々に羽ばたいていった歴史ある岩場だ。なかでも前尾根は岩壁と岩稜、歩ける箇所が繰り返し現れる変化に富んだ長い尾根で、人気が高い。それゆえ、サイマルクライミングとピッチクライミングの切り替えを学ぶには最適なルートといっても過言ではない。またひとつの箇所で複数のラインをもつところもあり、メンバーの技量や目的に合わせて選べる。このルートが時代を超えて多くのクライマーに愛される理由は、長さと変化といったクライミング要素だけでなく、美しい白い花崗岩と、ルートからのすばらしい眺望にもあるのではないだろうか。

1前尾根全景を一の壁から望む。いくつもの岩塔が連続しているのがよくわかる　2 P4を登る。フリクションのよく利く花崗岩なので豪快に高度を稼ぐ　3 P6のテラスに出てきたところ。このテラスからの数歩、手足はちょっと厳しい

プランニング

湯ノ山温泉からの日帰りも充分に可能。
裏道登山道を登り、「藤内壁出合」の看板付近から藤内沢へ入る。P7の取付は一の壁との分岐で右に入り、尾根末端をめざす。そのまま尾根を登り、御在所岳山頂にも行けるが、多くはヤグラの基部から前の壁ルンゼを下降し、裏道登山道を下山している。

藤内小屋

http://tounaigoya.blogspot.com/
（※藤内小屋に宿泊する場合は事前に確認をすること）

参考タイム

藤内小屋（30分）藤内沢分岐（20分）P7取付（4時間）ヤグラ基部（40分）藤内小屋………
…………………………… 合計5時間30分

装備

ロープ（シングルロープ50m×1本）、カムデバイス（1セット）、クイックドロー×3、アルパインクイックドロー（60cm×2、120cm×2）、コードレット（240cm×2）、フリクション性能が高いアプローチシューズがあると便利。

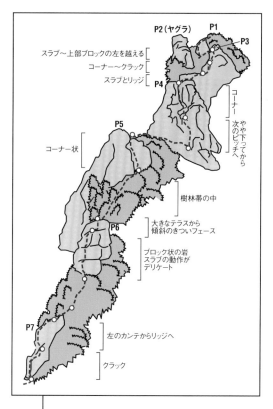

御在所岳
1212m

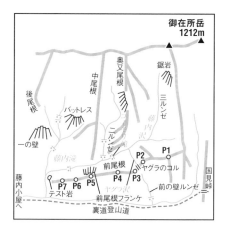

アドバイス

アンカーにはしっかりしたボルトが打たれているが、ルート中の残置はそれほど多くはない。ただしカムデバイスが有効なクラックがあるので、1セットは準備していこう。また立ち木や岩角などを利用したアンカー構築もあるので、120cmのスリングやコードレットがあると便利だろう。岩はおおむね硬く、安定しているが、P5基部やP4基部のように粒子がボロボロと崩れている箇所もある。岩質の変化を見極めて慎重に行動したい。ルートが長いので、アンカー構築やシステムの切り替えなどに時間をかけすぎると思わぬ長時間行動になりかねない。常に時間を意識した迅速な行動を心がけよう。

無雪期 ①

北穂高岳
東稜

グレード・ピッチ

III
ショートピッチと
サイマルクライミング

所要時間

4時間（涸沢〜北穂高小屋）

適期

7月下旬〜9月下旬

穂高岳周辺のバリエーションルートとしては、入門者にもほどよいスケールといえる。ルートのハイライトとして「ゴジラの背」という名が冠されたナイフリッジがあるので知名度が高い。通常、時代背景を色濃く反映した名称は古めかしくなりやすいが、本家のゴジラが現代においても新作がつくられているおかげで「ゴジラの背」という名称のインパクトも古めかしくならない。このルートだけを楽しむのもよいが、チームの力量によってはこのルートをアプローチに使って、滝谷のバリエーションルートへと継続するのもよいかもしれない。多くのクライマーが登っているので、土が露出しているところでは踏み跡も見つけやすいだろう。ただし、岩が堆積している北穂沢のトラバースや東稜のコルから北穂高小屋をめざす箇所などでは、意外にルートファインディングが難しい。

1 北穂沢から東稜を望む。写真右の二俣になったガリー（ルンゼ）の右側を登る　2「ゴジラの背」を行く。背後は前穂高岳北尾根　3 東稜のコルから北穂小屋をめざして登る途中で「ゴジラの背」を振り返る

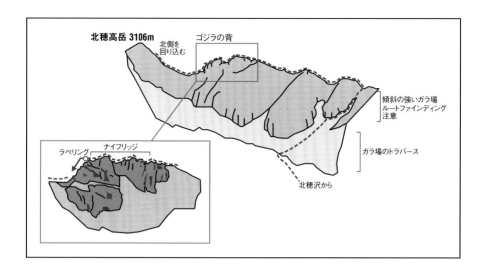

北穂高岳 3106m
ゴジラの背
北側を回り込む
ラベリング　ナイフリッジ
傾斜の強いガラ場
ルートファインディング
注意
ガラ場のトラバース
北穂沢から

プランニング

スタート地点は涸沢となる。出発は早朝に越したことはないが、北穂沢のトラバースでは視界があったほうがよい。稜線に出るまでのルートファインディングも簡単ではない。稜線では確実な動作を心がけ、慎重さを伴った動きを意識する。このルートだけなら北穂高小屋でゆっくりと休憩しながら、登攀の余韻に浸るのもいいだろう。

参考タイム

涸沢（1時間）北穂沢への分岐（20分）ルンゼ入口（20分）東稜の稜線（40分）ゴジラの背（50分）東稜のコル（50分）北穂高小屋 ……………… 合計4時間

装備

ロープ（シングルロープ40m×1本）、アルパインクイックドロー（60cm×1、120cm×2）、コードレット（240cm×1）、アウトソールにクライミングゾーンを備えたテクニカルマウンテンブーツが適している。

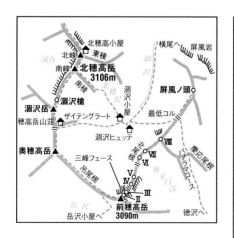

北穂高小屋
北峰　東稜
滝谷　南峰　北穂高岳
3106m
涸沢槍
涸沢岳
ザイテングラート
穂高岳山荘
涸沢ヒュッテ
奥穂高岳
三峰フェース
吊尾根
岳沢　前穂高岳
岳沢小屋　3090m
横尾へ　屏風岩
涸沢
涸沢小屋
屏風ノ頭
最低コル
慶応尾根
パノラマコース
奥又白谷
徳沢へ

アドバイス

技術的難易度は高くはないが、それは安全であることを保証するものではないことを理解しておきたい。つまり簡単な箇所でも一歩のミスで取り返しのつかない結果となる場合もあるということだ。小さな浮き石だけでなく、大きな岩が不安定な場合もある。確実にコントロールされた動作に、ルートの見極め、岩や地形の見極めを伴ってこそ、バリエーションルートを登る登山者にふさわしいといえるだろう。このルートに限ったことではないが、視界不良時や降雨時はいさぎよく諦めるべきだ。視界不良でルートを見いだせないとか、濡れた岩でのスリップは事前にわかるリスクなのだ。

前穂高岳
北尾根

グレード・ピッチ数

Ⅲ
ピッチクライミングと
サイマルクライミング

所要時間

5〜7時間（涸沢〜前穂高岳頂上）

適期

7月下旬〜9月下旬

日本のアルピニズムの象徴である穂高岳。そのなかでも前穂高岳北尾根は、涸沢カールから見上げる圧倒的な存在感と、印象に残るエピソードをもつクラシックルートの代表といってもいいだろう。このルートは1924年の夏、慶應義塾大学山岳部によって初めてトレースされた。その後1928年1月には同大学によって積雪期初登も記録されている。ただ同年3月には大島亮吉（慶應義塾大学山岳部）のⅣ峰からの転落死、1926年7月の三高山岳部の遭難など開拓期における衝撃的な事故によって、困難さとともに憧れの対象としての地位が確立された。近年は地震や気象の影響もあって、岩がもろくなっている印象が否めない。浮き石の堆積したエリアには迂闊に入らないのはもちろん、浮き石を崩さないような慎重さが不可欠だ。そのためにもルートファインディングは確実に行ないたい。

1 涸沢カールとシルエットの前穂高岳北尾根。写真中央のきれいな三角形がⅥ峰。その右がⅤ峰　2 奥に見えるのはⅢ峰　3 Ⅲ峰の登り。ピッチクライミングを繰り返しながら越えていく

プランニング

涸沢を早朝に出発する。ガラ場ではルートファインディングが難しいので、前日に歩き始めのルートを確認しておいたほうがいい。IV峰ではサイマルクライミング、ピッチクライミングを交える。III峰ではピッチクライミングを数回繰り返す。II峰の下降は浮き石に注意したい。下山は、岳沢に下りるにしても涸沢に戻るにしても、まだまだ長いので気を抜けない。

参考タイム

涸沢（1時間30分）V VIのコル（4時間）
前穂高岳頂上 … 合計5時間30分

装備

ロープ（シングルロープ40m×1本）、カムデバイス（フィンガー〜ハンドサイズくらいまで）、クイックドロー×3本、アルパインクイックドロー（60cm×1、120cm×2）、コードレット（240cm×1）、アウトソールにクライミングゾーンを備えたテクニカルマウンテンブーツが適している。

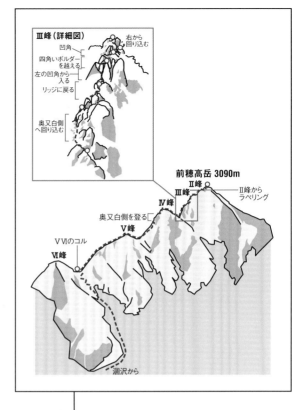

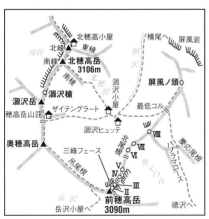

アドバイス

V VIのコルへのアプローチはヘッドランプでの行動になるので、前日に確認しておいたほうがいい。コルでロープなどの装備を整えたら、サイマルクライミングでスタートする。IV峰の登りは大きな岩も浮いているのでルート取りを間違えないようにしよう。奥又白側に回り込んだところにも浮き石が多い。III峰はマルチピッチクライミングとなる。有名なチムニーの左の凹角を登り、頭上の四角いボルダーを越えると次の凹角の取付だ。凹角を抜けたらやや涸沢側に進路をとる。かぶった岩の下からリッジに戻る箇所が少し難しい。ここは右から回り込むこともでき、そちらのほうがもろい箇所があるものの技術的にはやさしい。II峰のピーク付近も切り立っていて高度感がある。岩も浮いているので慎重に動こう。II峰をラペリングしたら、やや涸沢側から巻くようなルートで前穂高岳の頂上をめざす。

龍王岳
東尾根

グレード・ピッチ

Ⅱ〜Ⅲ
ピッチクライミングと
サイマルクライミング

所要時間

2〜3時間（一ノ越〜龍王岳頂上）

適期

7月下旬〜9月下旬

龍王岳は多くの人でにぎわう立山縦走路から少し離れた位置にある。この山頂から御山谷に向かって延びる、岩の露出した尾根が龍王岳東尾根だ。1930年5月に京都大学の永嶋吉太郎らによって初登されたので永嶋尾根とも呼ばれている。発表後はそれなりに登る人もいたようだが、その後はこの尾根周辺の記録などの発表は行なわれず、ひっそりとした岩場となった。しかし、近年は室堂から日帰りでアクセスできるバリエーションルートという立地条件のよさと、岩質が似ていることから剱岳バリエーションルートにつながるステップとしての存在価値などが再評価され、訪れるクライマーは増えている。岩はおおむね硬く安定しているが、堆積した箇所や積み木状の箇所では岩を落とさないように注意が必要であることはいうまでもない。

1 一ノ越から見る龍王岳東尾根の全景。岩稜からさらに下に延びる草付の最下部、湖沼付近からルートが始まる　2 下部の岩稜を登る。ラインは何通りでもとれる。力量によって、岩稜を選べばⅢ級程度のクライミングが楽しめる　3 ルート中間部から上部を望む

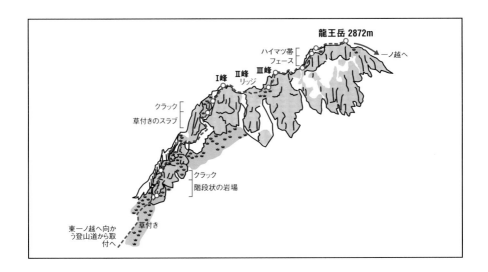

プランニング

室堂から一ノ越をめざす。一ノ越からはルートの全容を観察できる。ここでしっかりとルートを見ておこう。一ノ越から東一ノ越へ続く登山道を下り、途中から尾根の末端へと続く踏み跡をたどる。ライン取りは力量に応じて選ぶことができる。頂上からは踏み跡をたどって一ノ越に戻る。

参考タイム

一ノ越（20分）尾根の末端・湖沼（2時間30分）龍王岳頂上 ……………………………………… 合計2時間50分

装備

ロープ（シングルロープ30m×1本）、カムデバイス（フィンガー〜ハンドサイズくらいまで）、アルパインクイックドロー（60cm×1、120cm×2）、コードレット（240cm×1）、アウトソールにクライミングゾーンを備えたテクニカルマウンテンブーツが適している。

アドバイス

何といっても室堂から日帰りで登れるというロケーションはよい。岩質もおおむね安定している。ただし、大きな岩の塊が浮いていることもあるので、地形物を利用したアンカー構築の際にはしっかりと評価した上で行ないたい。Ⅰ〜Ⅱ峰間とⅡ〜Ⅲ峰間には顕著なルンゼがある。これらのルンゼからアプローチすることも、下降路として利用することもできる。ただしルンゼ内の行動の場合、落石には充分な注意を払いたい。ルート中に残置支点はあまりない。そのため岩角やハイマツなどを利用したナチュラルアンカーの構築に精通していることが登攀の条件のひとつである。またカムデバイスが有効な箇所もあるので、フィンガーサイズからハンドサイズくらいがあるといい。

剱岳
源次郎尾根

グレード・ピッチ

Ⅲ＋
ピッチクライミングと
サイマルクライミング

所要時間

5〜7時間（尾根取付〜剱岳頂上）

適期

7月下旬〜9月上旬
（剱沢雪渓の状態による。必ず状況の確認を
行なうこと）

源次郎尾根は剱沢雪渓に接する末端部分から剱岳頂上にほぼまっすぐに突き上げる立派な尾根だ。頂上までの標高差は約900mあり、長い尾根には傾斜の強い岩場や狭い岩稜、ハイマツ帯などが繰り返し現われるので、極めて変化に富んでいる。サイマルクライミングで進むか、ピッチクライミングを選択するかといった判断はメンバーの力量によるが、地形の変化に合わせて技術の切り替えを素早く行なうことも、このルートを登る楽しみのひとつといえるだろう。ルート名になっている源次郎（佐伯源次郎）がこの尾根を登ったのは1924年だ。実はこのとき彼は平蔵谷を登り、尾根の最上部をトレースしただけだった。尾根の末端から登られたのは翌1925年の今西錦司、渡辺漸、佐伯政吉らによるが、地名を決めるにあたって「源次郎尾根」以外に候補がなかったことと、源次郎の剱岳に果たした功績の大きさから、この名称が定着したといわれている。

1 Ⅰ峰から見るⅡ峰と剱岳本峰。Ⅱ峰の登りは岩とハイマツのコンタクトラインになる　2 白い岩を越えたあとの岩稜。このあたりから高度感が徐々に出てくる　3 Ⅱ峰のピーク付近。リッジをしばらく進んだらラペリングとなる

プランニング

室堂から入山して、剱澤小屋をベースに2泊3日の行程とするのが一般的。登攀日は早朝出発が原則。取付までの下りには意外と悪い箇所もあり、剱沢雪渓に移るポイントも注意が必要。尾根末端の岩場は濡れていることが多く、手ごわい。I峰はほぼサイマルクライミングだが、ロープで確保したほうがいい岩場が数カ所ある。II峰までは踏み跡は明瞭だ。II峰のラペリングのあと、頂上まではルートファインディングをしっかりと行ないたい。

参考タイム

尾根取付（1時間30分）テラス（1時間20分）I峰（1時間20分）II峰（1時間20分）剱岳頂上……………………………… 合計5時間30分

装備

ロープ（II峰のラペリングは30m。シングルであれば60mロープを用意するか、ハーフロープを2本準備しておく）、クイックドロー×2、アルパインクイックドロー（60cm×2、120cm×2）、コードレット（240cm×1）、アウトソールにクライミングゾーンを備えたテクニカルマウンテンブーツが適している。

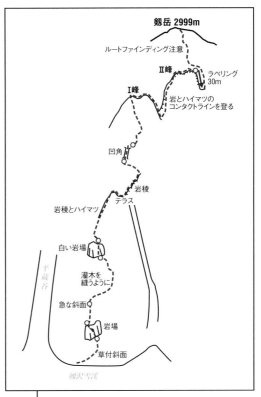

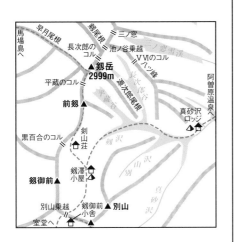

アドバイス

尾根末端の草付を登ってすぐに現われる岩は濡れていることが多いので、慎重に登りたい。いったん傾斜は落ちるが、続いて傾斜がきつくなる付近はピッチクライミングをしたほうが無難だ。その後、木の間を縫うように進むと白い岩場が現われる。さらにハイマツと岩が交じった稜線を進むと、尾根が屈曲する付近でテラスに出る。テラスから登り始めは岩稜。もろい岩の斜面へと変化して凹角状の岩場へと続く。この岩場を越えると浮き石が目立つ斜面を登り、I峰へと続く稜線に出る。I峰からの下降では転落などに備えて注意深く下りる。特にコル直前は傾斜がきつくなるので要注意だ。II峰への登り返しは岩とハイマツのコンタクトラインをとるのが一般的だ。II峰頂上近くにはトラバースもあり、緊張する。II峰から30mのラペリング。このコルからはルートを見失わないように注意しながら頂上をめざす。

無雪期 ⑤

剱岳
八ツ峰

グレード・ピッチ

Ⅲ
ピッチクライミングと
サイマルクライミング

所要時間

4〜5時間
（ⅤⅥのコル〜池ノ谷乗越）

適期

7月下旬〜9月上旬
（剱沢雪渓、長次郎谷の状態による。必ず状況の確認を行なうこと）

八ツ峰は剱岳主稜線の北、八ツ峰の頭から剱沢に向かって延びる長い尾根だ。この尾根の主稜線の初縦走は1923年8月、岡部長量と芦峅寺のガイド佐伯宗作によって行なわれた。現在も隣の源次郎尾根と剱岳バリエーションルートの双璧として、高い人気を誇る。この長大な尾根は、Ⅵ峰とⅤ峰の間にあるⅤⅥのコルを境に、上部を「上半（かみはん）」、下部を「下半（しもはん）」に分けることができる。ここではⅤⅥのコルから登り始める上半縦走のルートを紹介したい。源次郎尾根に比べると、狭い岩稜のアップダウンが繰り返し出てくるので、サイマルクライミングとピッチクライミング、ラペリングといった技術の切り替えの習熟度が求められる。浮き石が堆積している箇所や微妙なバランスのリッジもあるのでルートファインディングやクライミング技術も必要だ。源次郎尾根を問題なくこなせたら、八ツ峰上半縦走に挑戦しよう。

1 八ツ峰の頭から振り返る八ツ峰の上部。右の雪渓が長次郎谷。左は三ノ窓雪渓　2 Ⅷ峰の下り、三ノ窓側が切れ落ちているので振られないように慎重にラペリング　3 熊の岩から見た八ツ峰Ⅵ峰。右側のⅤの字に切れ込んだ箇所がⅤⅥのコル

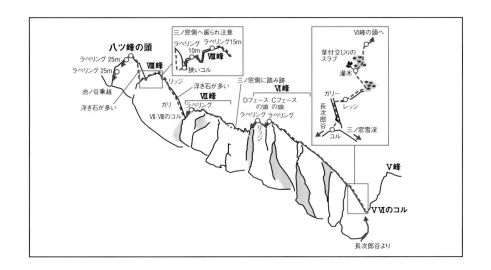

プランニング

剱澤小屋または真砂沢ロッジをベースに2泊3日の行程とするのが一般的。登攀日は早朝出発が原則。夏場の長次郎谷はⅠ〜Ⅱ峰間ルンゼ付近で雪渓が切れるので、右岸に渡るポイントが重要。右岸のスラブを登ったら、再び左岸に移る。八ツ峰の稜線ではルートファインディングをしっかりと行ないたい。池ノ谷乗越からはそのまま稜線をたどって剱岳本峰をめざすことも、池ノ谷乗越から長次郎谷右俣を下ることもできる。

参考タイム

ⅤⅥのコル（4時間）八ツ峰の頭（30分）池ノ谷乗越 ・・・・・・・・・・・・・・・・・・ 合計4時間30分

装備

ロープ（シングル50m×1本）、クイックドロー×2、アルパインクイックドロー（60cm×2、120cm×2）、コードレット（240cm×1）、アウトソールにクライミングゾーンを備えたテクニカルマウンテンブーツが適している。

アドバイス

ⅤⅥのコルからの登りはガリーを登り、右のレッジへ向かう。さらに右上したのち、左上の灌木をめざす。次のピッチもロープを出したほうがよい。そこからCフェースの頭まではほぼ歩行。ラペリングを交えてⅥ峰を越え、リッジ沿いにⅦ峰を登る。Ⅶ峰の下りはラペリングまたは三ノ窓側から巻いて下りることもできる。Ⅷ峰は浮き石の詰まったガリーを登るので落石に注意する。リッジに出たあと、ラペリングを1〜2回行なって狭いコルに入る。ここから長次郎谷側の凹角から右上し八ツ峰の頭へ。頭からは池ノ谷乗越方向へラペリングする。池ノ谷へ下りることもできるが、浮き石が多く落石を誘発するのでリスクが高い。池ノ谷乗越からは稜線に沿って剱岳本峰経由で剱沢へ向かうか、長次郎谷を下降する。夏の早い時期は雪渓の形状によっては長次郎右俣下降が困難な場合もある。

無雪期 ⑥

剱岳
本峰南壁A2

グレード・ピッチ

Ⅲ＋
5〜6ピッチ
ピッチクライミングと
サイマルクライミング

所要時間

3時間（平蔵のコル〜剱岳頂上）

適期

7月下旬〜9月上旬

剱岳の南面は、頂上を頂点とするきれいなピラミッドを形成している。このピラミッドを支えるようにそびえ立つバットレスが南壁だ。南壁は標高差が150mあり、4本の岩稜で支えられている。向かって右からA1、A2、A3、A4だ。アルファベットのAは英語で「やせた稜」を意味するアレート（arete）の頭文字だ。左端のA4には一般登山者が通過するカニのタテバイ、カニのヨコバイがある。ここで紹介するA2は右から2本目の顕著な岩稜だ。過去には人気の高い時期もあったようだが、岩が不安定なこともあって、登る人が減少した時期がしばらく続いていた。しかし近年、再び人気が出てきているように思う。それでも岩の不安定さは相変わらずなので、落石には充分な注意が必要だ。岩稜を登りきったらガラ場を左に向かうと登山道に合流できる。

1 剱岳本峰南壁の全景。中央のはっきりした岩稜がA2だ　2 1ピッチ目、左ルートの核心部付近。カムデバイスが有効なピッチだ　3 4ピッチ目のリッジを登る。後ろは平蔵谷

プランニング

室堂から入山して、剱澤小屋をベースに2泊3日の行程とするのが一般的。平蔵のコルまでは登山道を進む。平蔵のコルからガラ場を下降して取り付く。スタートは右のガリーから登るか左の凹角から登るか選べる。登山道に合流したあとは、ぜひとも剱岳の頂上に立ってから下山しよう。

参考タイム

平蔵のコル（15分）取付（2時間30分）ルート終了点（15分）剱岳頂上 ……… 合計3時間

装備

ロープ（シングルロープ50m×1本）、クイックドロー×3、アルパインクイックドロー（60cm×2、120cm×2）、コードレット（240cm×1）、カムデバイス（フィンガーサイズ〜ハンドサイズ）、アウトソールにクライミングゾーンを備えたテクニカルマウンテンブーツが適している。

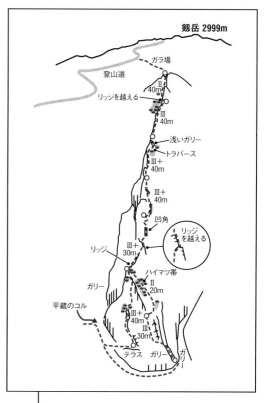

剱岳 2999m

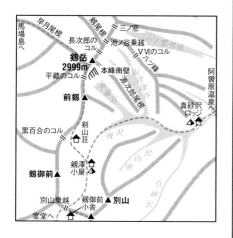

アドバイス

平蔵のコルから取付に向かうガラ場は岩が安定していない。落石に注意しながら行動しよう。スタートは左ルートとガリーから入る右ルートから選べ、どちらも難易度はあまり変わらない。左右のルートが合流した後の狭いリッジを少し登り、傾斜の強い箇所を乗り越すあたりが技術的な核心部だろう。これを越えて少し登ったあたりでピッチを切る。この先はメンバーの力量に応じてサイマルクライミングとピッチクライミングを使い分けるとよい。残置支点もあるが、古くて信頼できないこともある。残置支点のチェックを怠らないようにすることと、支点構築のためのカムデバイスやピトンも用意しておきたい。支点構築の際も岩のもろさを確認しよう。上部でリッジを乗り越えて、ルンゼ状の草付を登りきればルート終了点となる。

積雪期 ①

阿弥陀岳
北稜

グレード・ピッチ

Ⅲ
ピッチクライミングと
サイマルクライミング

所要時間

2〜3時間（行者小屋〜阿弥陀岳）

適期

1月上旬〜3月上旬

阿弥陀岳は南八ヶ岳のなかでは大きな山容を誇る山だ。頂上から南に延びる南稜も御小屋尾根も長い。北稜も尾根そのものは長いが、登攀対象となるのは上部だけだ。八ヶ岳の積雪期バリエーションルートとしては、岩壁部分がそれほど長くなく、その難易度も高くないことから入門ルートといえる。しかし入門とはいえ、積雪期の八ヶ岳は厳しい寒気と強風を伴うことを忘れてはいけない。行動に支障が出るような気象環境であれば躊躇なく下降するほうがいいし、その準備もしておきたい。第二岩稜と第一岩稜はすぐ脇の雪面を下降でき、そこからは登ってきたルートを下ることもできる。エスケープのときに使えることを覚えておきたい。

1 阿弥陀岳北面の全景。写真の太陽が当たっている明るい箇所と影の境界線が北稜だ　2 急な雪稜を登る。ジャンクションピークの直下　3 第二岩稜を越えたナイフリッジ。短いが高度感がある。慎重に通過しよう

プランニング

赤岳鉱泉か行者小屋がベースとなる。赤岳の文三郎登山道に向けて進み、阿弥陀岳との分岐から中岳沢をめざす。しばらく沢を登り、尾根に上がる。樹林帯を進み、急な雪壁を登るとジャンクションピークだ。灌木の生えた急な雪面を越えると第一岩稜の基部となる。下降は中岳を越えて文三郎登山道に出る、中岳沢を下る、同ルートを下降するという選択肢がある。雪崩の危険性がある場合は中岳沢を下降してはいけない。

参考タイム

行者小屋（15分）分岐（2時間30分）阿弥陀岳………………………………… 合計2時間45分

装備

ロープ（シングルロープ50m×1本）、クイックドロー×3、アルパインクイックドロー（60cm×2、120cm×2）、コードレット（240cm×1）

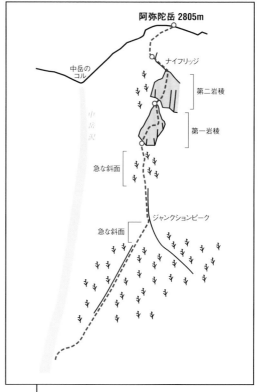

アドバイス

行者小屋から文三郎登山道へ向かい、三差路に出る。そこから中岳沢に向かう。中岳沢をしばらく登り、様子をうかがいながら進行方向右手の尾根に上がる。樹林帯を進み、急な雪壁が見えるあたりでロープを出すのが一般的だ。この雪壁の上がジャンクションピークだ。この先の灌木の生えた斜面もピッチを切りながら登ったほうがよい。第一岩稜、第二岩稜を越えたあとの雪面ではルートファインディングに注意しながら、阿弥陀岳をめざす。中岳のコルへの下降は意外に悪いし、転落事故や滑落事故も起きている。阿弥陀岳の頂上は平坦だ。このため視界不良時は方向を見失いやすい。ルートを登り終えたからといって油断してはいけない。ルートファインディングを丁寧に行ない、慎重に下降しよう。

積雪期 ②

赤岳
主稜

グレード・ピッチ

III
ピッチクライミングと
サイマルクライミング

所要時間

4時間（行者小屋〜赤岳北峰）

適期

1月上旬〜3月上旬

赤岳は八ヶ岳連峰の最高峰だ。南峰と北峰の2つのピークをもち、南峰（2899m）がこの山の最高地点である。赤岳の西面は赤茶けた色が目立つ切り立った岩壁となって切れ落ちている。数本の顕著な尾根がこの壁を支えるかのように延びている。これらの尾根のなかで北峰にダイレクトに突き上げているのが赤岳主稜（北峰リッジ）だ。赤岳主稜は見栄えのする風貌と充実したルート内容から、八ヶ岳バリエーションルートのなかでも特に人気が高い。ルートは、数カ所の傾斜の強い岩場とリッジが交互に現われるような構成となっている。そのため、ピッチクライミングとサイマルクライミングをタイミングよく切り替え、効率よく登ることがこのルートをスピーディーに攻略するポイントといえよう。そういった点からもバリエーションルートの基礎を身につけるには非常によいルートである。

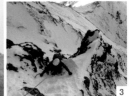

1 赤岳西面。右から2本目の尾根が主稜（北峰リッジ）だ　2 取付の岩場。チョックストーンを越え、雪の詰まったガリーを登る　3 上部岩壁の核心部を越えたところ

プランニング

ベースは赤岳鉱泉か行者小屋だ。文三郎登山道を登り、目標となる主稜が正面に見えるあたり（標高2650m付近）からトラバースする。チョックストーンが詰まったチムニーが目印だ。ここを越えるとリッジに導かれるように進む。ルート終了点は丸っこいボルダーが目印となる。あとは傾斜の緩い尾根をたどって登山道に向かう。

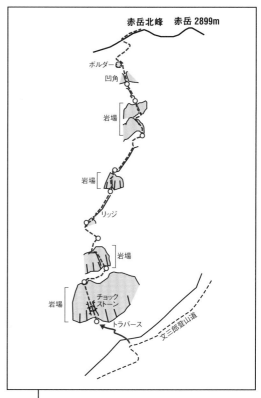

参考タイム

行者小屋（1時間）文三郎登山道との分岐（3時間）赤岳北峰 ‥‥‥‥‥‥‥‥‥ 合計4時間

装備

ロープ（シングルロープ40m×1本）、クイックドロー×3、アルパインクイックドロー（60cm×2、120cm×2）、コードレット（240cm×1）

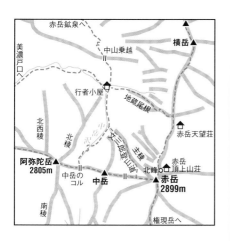

アドバイス

文三郎登山道から赤岳主稜に向かう分岐点からはルートの中間部までを見渡すことができるので、しっかりと観察しておこう。クライミングギアはここで準備するとよい。この地点から取付までのトラバースでは滑落事故も起きているので慎重に行動すること。降雪の後などで雪が不安定な場合や、硬く氷結してスリップのリスクが高い場合は、この斜面に入ってはいけない。取付の岩場は見た目より悪く感じるかもしれない。ルート全体を通して、岩がもろい箇所や剥離している箇所が目立ってきている。また、積雪の状態によって、雪に隠された岩に足をとられることもある。人気ルートとあなどらない用心深さはもっておきたい。ルート終了点から傾斜の緩いリッジを登り、登山道に出たら、赤岳天望荘方面へ向かい、地蔵尾根経由で下山、または赤岳の山頂（南峰）を経由して文三郎登山道を下る。

大山 （伯耆富士）
弥山尾根

グレード・ピッチ

Ⅲ
ピッチクライミングと
サイマルクライミング

所要時間

5〜6時間（大山寺〜弥山）

適期

1月中旬〜2月下旬

　鳥取県の大山は西側からの山容が富士山にそっくりなので、伯耆富士の名で呼ばれている。この山は見る角度によってまったく違った印象を受ける。特に北面は切り立った岩壁で、武装した要塞のようだ。この北壁を地元の人たちは畏敬の念を込めて「きたかべ」と呼ぶ。標高は1700mを少し超える程度だが、独立峰で大きな山塊であること、険しい岩壁帯を備えていることが、この山をアルピニズムの対象たらしめている。特に積雪期は深く重たい雪がこの山を覆い、壁の登攀はもとより、アプローチも充実した内容を提供してくれる。現在、剣ヶ峰への入山は禁止されており、弥山（1709m）が最高峰とされている。弥山尾根はこのピークにつながるリッジだ。ルート状況は積雪状況に大きく左右される。そのためピッチクライミングにおけるアンカー構築、サイマルクライミング、雪稜登高の技術など、あらゆる場面を想定して技術を身につけた上で挑戦したい。

1 大山（伯耆富士）北壁。北壁は「きたかべ」と呼ばれている。弥山尾根は写真右端の長いリッジだ　2 中間部の雪稜を登る。眼下は元谷（もとたに）　3 弥山（1709m）の山頂近く。ここまでくると傾斜は緩んでくる

プランニング

ベースは大山寺。大神山神社奥宮への参道から元谷散策コースを通って元谷避難小屋をめざす。小屋でクライミングギアを整え、北壁に向かう。壁へのアプローチは雪崩リスクが高いので注意が必要だ。ルート終了点からは頂上避難小屋、六合目避難小屋を経由して大山寺集落に下山する。

参考タイム

大山寺（1時間）元谷避難小屋（1時間）北壁取付（3〜4時間）弥山…………………………………合計5〜6時間

装備

ロープ（シングルロープ50m×1本）、クイックドロー×2、アルパインクイックドロー（60cm×2、120cm×2）、コードレット（240cm×1）

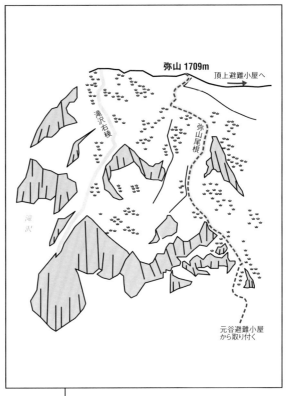

弥山 1709m
頂上避難小屋へ→

滝沢右稜

滝沢

弥山尾根

元谷避難小屋
から取り付く

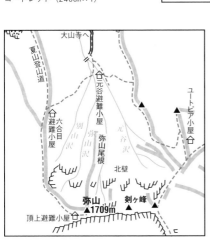

大山寺へ
夏山登山道
六合目避難小屋
元谷避難小屋
別山沢
弥山尾根
元谷沢
ユートピア小屋へ
北壁
弥山
剣ヶ峰
1709m
頂上避難小屋

アドバイス

北壁へのアプローチは雪崩のリスクが高い。降雪中、降雪直後は行動を控えよう。元谷避難小屋からは別山バットレスから延びる尾根の裾に沿って進み、尾根と沢がカーブするあたりで沢を横切り、左の尾根状地形に上がる。この尾根状地形をたどって弥山尾根の末端をめざす。末端の岩場は直接登ることもできるが、多くは左から巻いて狭いリッジに上がる。そこからはリッジに沿って進む。このルートは雪のつき方によってライン取りや難易度が変わるので、状況に応じる対応力が求められる。また、ピトンなどの残置支点は皆無であり、灌木を使ったアンカー構築は必須だ。そして視界不良になることは日常的なので、そういった環境でのナビゲーション技術と本能に基づく直感力もこの山に挑むための重要な要素といえる。

宝剣岳
サギダル尾根

グレード・ピッチ

Ⅲ＋
ピッチクライミングと
サイマルクライミング

所要時間

2時間（千畳敷駅〜サギダルの頭）

適期

3月下旬〜4月上旬

中央アルプスの宝剣岳は花崗岩の尖鋒だ。標高2931mの山頂から南に向かって岩稜が延びており、山頂付近の東面は岩壁となって切れ落ちている。南に延びる岩尾根は南稜と呼ばれている。この南稜の東西にはいくつかの支尾根があるが、東側の支尾根で最も南に位置するのがサギダル尾根だ。「サギダル」は聞き慣れない言葉だが、この尾根の南面の急峻な崖状地形（ダル）に「白鷺」の形をした雪形が出現することに由来する。

尾根の末端には信州駒ヶ岳神社があり、ここから尾根をまっすぐに見通すことができる。尾根末端付近は傾斜の緩い雪壁状になっており、どこでも登れるが、岩稜の取付をめざして、右から緩やかにカーブするように登るのが一般的だ。ルートは短いが岩稜部分は少し手ごわい。宝剣岳周辺は風が強いことが多く、千畳敷では雪崩事故が何度も起きている。強風と雪崩のリスクが高い厳冬期は熟練者のみに許される世界だ。まずは残雪期に登ることをおすすめする。

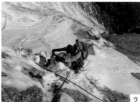

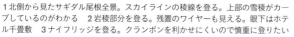

1 北側から見たサギダル尾根全景。スカイラインの稜線を登る。上部の雪稜がカーブしているのがわかる　2 岩稜部分を登る。残置のワイヤーも見える。眼下はホテル千畳敷　3 ナイフリッジを登る。クランポンを利かせにくいので慎重に登りたい

バスとロープウェイを乗り継いで千畳敷駅に向かう。ルート起点は標高2650mなので、少し高度に慣れてから行動を開始したほうがいい。鳥居の後ろに見える尾根をめざす。ルート終了点からは極楽平から下山するほうが技術的にはやさしいし、時間もかからない。

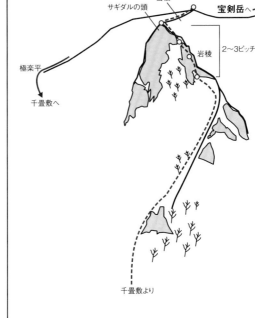

参考タイム
千畳敷駅（2時間）サギダルの頭……
……………………………… 合計2時間

装備
ロープ（シングルロープ50m×1本）、クイックドロー×2〜3、アルパインクイックドロー（60cm×2、120cm×2）

アドバイス

公共交通機関で一気に2650mまで登るので、高度に慣れるために30分程度の休憩をしたほうがよい。急に行動を開始すると高度障害が出る場合があるので注意が必要だ。岩稜の取付まではやさしい雪壁だ。サギダル尾根の岩は粒子の細かい花崗岩なので、クランポンを利かせるのが難しい。そのため正確にホールドを捉えるフットワークを身につけておきたい。またワイヤーが残置された箇所があるので通過時は注意しよう。最後はカーブした雪稜をたどると宝剣岳南稜に合流する。宝剣岳方面へは熟練者の領域だ。宝剣岳の南側は困難な岩稜で、北斜面は硬い氷の斜面で、事故も多発している。そのため、ここからは極楽平を経由して雪面を下るほうが容易だ。ただし極楽平から千畳敷にかけての斜面は降雪中や降雪後には雪崩の危険性がある。その場合は登攀そのものを中止することも考えておきたい。

明神岳
東稜

グレード・ピッチ

IV
ピッチクライミングと
サイマルクライミング

所要時間

8時間（明神〜明神岳）

適期

4月下旬〜5月中旬

英国から冶金技師として日本を訪れていたウィリアム・ゴーランドは徳本峠から見える明神岳の威容から、この山域をJapanese Alps（日本アルプス）と呼んだ。明神岳は標高こそ2931mと3000mに満たないが、険しい壁とリッジ、ルンゼなどが登攀対象となるアルピニストの道場とも呼べる山だ。東稜は技術的難易度はそれほど高くはないが、標高差1300mあまりを一気にかせぐ長いルートなので登り応えがある。終始安定したペースとスムーズな技術の切り替えがこのルートを登りきるポイントといえる。ルート上のひょうたん池とラクダのコルには幕営可能な箇所もあるが、近年は明神から1日で登られることが多くなった。明神岳山頂からは奥明神のコル経由で岳沢に下りる、あるいは主稜を縦走して上高地に下るという2つの選択肢がある。

1岩壁部分がバットレスと呼ばれている。バットレス手前の雪稜が通称「ラクダのコル」だ　2バットレス下部の岩場を越え、核心部の岩場へ向かう雪稜　3バットレスを仰ぎ見る。中央の細いクラックの入ったスラブからコーナーを登る

プランニング

明神がルートの起点となる。旧上高地孵化場を通り、川を渡って宮川のコル、ひょうたん池をめざす。ひょうたん池から稜線となる。最初の岩場（通称、第一階段）も岩がもろく手ごわい。その後、稜線をたどりバットレスを目標に進む。バットレスを越えたら、頂上直下はやや左から巻くように進む。

参考タイム

明神（1時間40分）宮川のコル（2時間）ひょうたん池（4時間20分）明神岳 …… 合計8時間

装備

ロープ（シングルロープ50m×1本）、カムデバイス（フィンガー〜ハンドサイズ）、クイックドロー×3、アルパインクイックドロー（60cm×2、120cm×2）、コードレット（240cm×1）

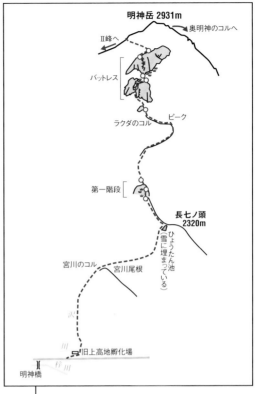

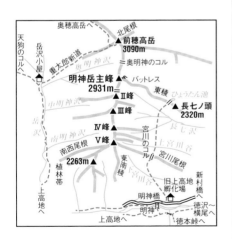

アドバイス

明神から岳沢、あるいは上高地までの長時間行動になる。そのため綿密な行動計画が不可欠だ。ウエイポイント（通過点）ごとに制限時間を設け、それをクリアできないなら諦めて下山する心づもりが必要だ。頂上からの下山路は奥明神のコルから奥明神沢を下降して岳沢小屋へ出るか、主稜をⅤ峰まで縦走し南西尾根を下って上高地へ出る方法がある。ともに容易ではないルートなので、早朝出発、スピード重視の行動を徹底できるチームだけがこのルートに挑戦できるといえる。このルートに挑む前に、他のルートで訓練を重ね、メンバー同士はお互いの力量を把握しておきたい。バットレスの登攀ではデリケートな箇所もあるので、クライミング技術も高めておかなければならない。明神岳東稜は体力、技術、戦略など総合力が試されるルートだ。

残雪期 ③

劔岳
源次郎尾根

グレード・ピッチ

Ⅱ
ピッチクライミングと
サイマルクライミング

所要時間

11～12時間
（劔御前小舎～劔岳～劔御前小舎）

適期

5月中旬～6月上旬

富山県登山届出条例により、12月1日から翌年5月15日までの間に劔岳および周辺山域で登山をする人には、登山をする日の20日前までに登山届を提出することが義務づけられている。源次郎尾根はこの山域に含まれるので、この期間に登山を行なう場合は所定の手続きを怠らないようにしよう。また山小屋を利用する場合は、必ず事前に営業期間を確認し、予約をしておこう。劔岳は5月中旬くらいまでは降雪が考えられる。雪崩対策ギアの携行はもちろんだが、降雪中や降雪直後に行動しないなど、雪崩対策は念入りに行なう。そして、どんなルートでも同じことがいえるが、源次郎尾根も残雪期と無積雪期ではライン取りが違う。また午後は日射の影響で雪が緩むことによって、雪崩や落石のリスクが高くなる。こういった残雪期特有のリスクやライン取りについても理解した上で挑戦すべきルートだ。

1 源次郎尾根Ⅱ峰を上部から振り返る。Ⅱ峰のピークからラペリングするアンカーまで雪のリッジとなっている　2 Ⅱ峰直下の岩場を通過する　3 源次郎尾根の最上部を行く。劔岳頂上はまもなくだ

プランニング

ルート起点は剱御前小舎となる。暗いうちから剱沢雪渓を下降するので、確実な歩行技術とナビゲーション能力が必要だ。源次郎尾根の登りは急なルンゼから始まる。このルンゼは登るにつれて傾斜がきつくなる。尾根に出てからも、雪の状態を観察しながらの行動が不可欠だ。平蔵谷をスピーディーに下降し、剱沢を剱御前小舎まで登り返す。

（※富山県登山届出条例などは下記URLを参照）
http://police.pref.toyama.jp/cms_cat_police/108020/kj00018432.html

参考タイム

剱御前小舎（1時間）源次郎尾根末端（5時間30分）剱岳（1時間30分）平蔵谷出合（3時間）剱御前小舎 …………………… 合計11時間

装備

ロープ（シングルロープ60m×1本）、アルパインクイックドロー（60cm×2、120cm×2）、捨て縄（7mm径コード10m）

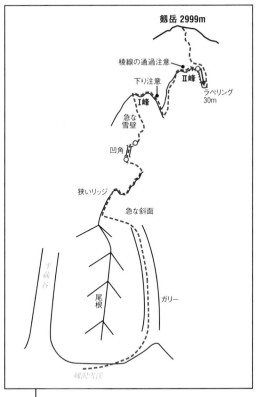

アドバイス

まずは、標高差が大きく長い行程をこなせるだけの体力が必要だ。行動時間が長いので、その間、緊張感を持続できる耐久力も求められる。つまり登山者としてのタフさが不可欠だ。そういったことも念頭に置いてもらうために、参考タイムをルート起点の剱御前小舎から表わしている。また急な雪壁の登下降、狭いリッジの通過などがあるので少しのミスも許されない。そのため氷雪テクニックは熟練したものでなくてはならない。雪の状態を見る観察力とそれに基づいた的確なルートファインディングも重要な要素だ。このルートは、残雪期登山の多くの要素が高いレベルで求められる。動作の精度とスピード、長い行程のなかで確実に行動できる力などをバランスよく身につけた登山者になってから挑戦すべき課題のひとつだ。

　まず、本書を読んでくださった読者の方々に御礼を申し上げたい。

　連載開始前、内容の構想を練るなかで、アルピニストをめざす登山者が備えるべき項目は多岐にわたるのだということを、私自身が再認識した。そこで、ともすれば複雑で難解になりがちな内容をわかりやすく説明するために、登山技術体系の構図をイメージすることから始めた。

　すると、細かな技術はそれよりも大きな技術の基礎となり、関連する技術がつながってひとつのグループを構成し、そして、それらの異なる技術グループが集合して登山活動を支えるという構図が見えてきた。そこで個々の技術が途切れたものにならないように、具体的な使い方の例を示すようにした。さらには、関連技術と併せて紹介するなどの工夫も凝らしたつもりである。

　こういった工夫は私個人の発想だけでは充分とはいえず、山と溪谷社の阪辻秀生さん、構成の池田菜津美さんの助けがあったからこそだと思う。また眞木孝輔さんが描くイラストは正確でとてもわかりやすく、内容の理解に大きな役割を果たしてくれた。

　執筆にあたっては、国立登山研修所の講師仲間や山岳ガイド仲間の協力があった。特に、アバランチギアについて助言をくださった榊原健一さん、ルートガイドについてアドバイスをくださった山下勝弘さん、上田幸雄さん、佐藤勇介さん、井坂道彦さん、新井健二さん、松原尚之さんにはここで御礼申し上げたい。

　また同連載のクライミング編を担当された保科雅則さんからたびたび励ましの言葉をいただいたことは、書き続ける原動力にもなったので感謝したい。

2020年3月　笹倉孝昭

笹倉孝昭（ささくら・たかあき）

1966年兵庫県神戸市生まれ。公益社団法人日本山岳ガイド協会認定山岳ガイドステージⅡ。国立登山研修所講師。1990年、パキスタンヒマラヤ・トランゴ山域でのグレートトランゴタワー登攀など、多くの登山経験を経て、2002年より山岳ガイドとして活動。10代のころから登山技術やクライミングギアなどへの興味を強くもち、現在も探求し続けている。ガイド活動のスタイルも積極的なクライミングや登山への取り組みを促すような育成型であるのが特徴。また、日本山岳ガイド協会の『山岳遭難救助技術マニュアル』の製作や、消防や警察などの山岳救助組織を対象とした救助技術の講座・セミナーの講師を務めるなど、専門家に向けても啓蒙活動を行なう。著書に『大人の山岳部　登山とクライミングの知識と実践』（東京新聞）など。

写　真	亀田正人
	中村英史
	星野秀樹
協　力	新井健二
	井坂道彦
	佐藤勇介
デザイン	天池 聖（drnco.）
イラスト	真木孝輔
編　集	池田菜津美
	阪辻秀生（山と溪谷社）

アルパインクライミング教本

2020年4月5日　初版第1刷発行
2021年4月5日　初版第3刷発行

著　者　　笹倉孝昭

発行人　　川崎深雪

発行所　　株式会社 山と溪谷社
　　　　　〒101-0051
　　　　　東京都千代田区神田神保町1丁目105番地
　　　　　https://www.yamakei.co.jp/

印刷・製本　　大日本印刷株式会社

◎乱丁・落丁のお問合せ先
　山と溪谷社自動応答サービス　TEL.03-6837-5018
　受付時間／10：00-12：00、13：00-17：30（土日、祝日を除く）
◎内容に関するお問合せ先
　山と溪谷社　TEL.03-6744-1900（代表）
◎書店・取次様からのお問合せ先
　山と溪谷社受注センター　TEL.03-6744-1919　FAX.03-6744-1927

本書は『山と溪谷』2017年5月号〜2019年5月号の連載「めざせ！ネクストステージ　ベーシック編」（24回）を加筆・増補してまとめたものです。

ウェアやギアは掲載当時のものです。

登山にはさまざまな危険が伴います。時々の状況をよく理解し、安全に登山を行なってください。登山中の事故については、著者、編集者、発行元は一切の責任を負いません。